古人原來很會過日子

從衣食住行到婚戀職場，古人自有好辦法

王磊（講歷史的王老師）著

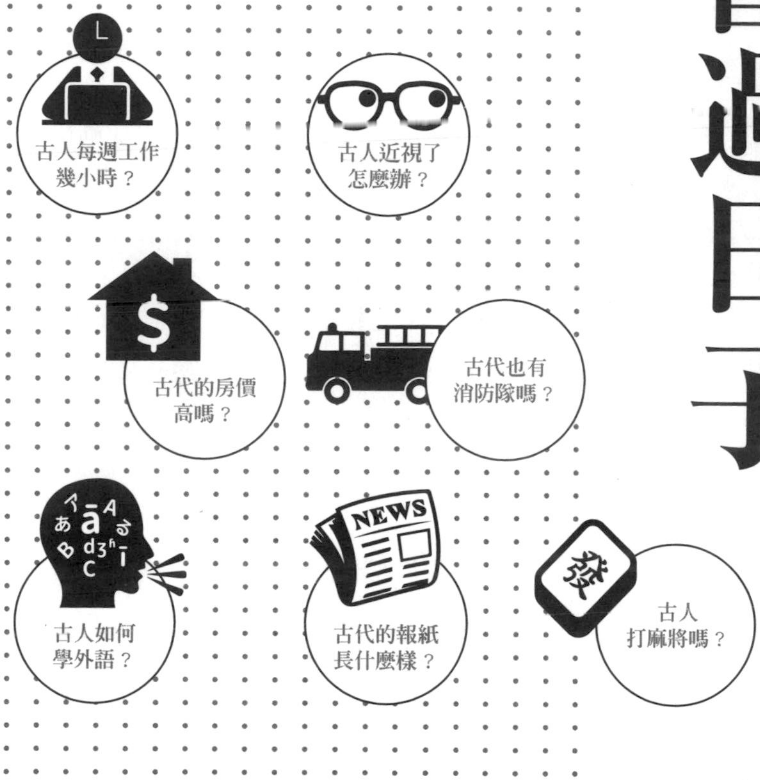

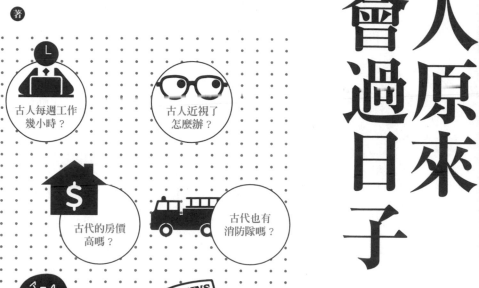

古人每週工作幾小時？
古人近視了怎麼辦？
古代的房價高嗎？
古代也有消防隊嗎？
古人如何學外語？
NEWS
古代的報紙長什麼樣？
發
古人打麻將嗎？

目錄

職場篇：古人上班也要打卡嗎？

家庭篇：古人娶老婆難嗎？

百科篇：古代的房價高嗎？

飲食篇：古代的飯菜好吃嗎？

文化篇：古人上學都學些什麼？

司法篇：古代的法律嚴苛嗎？

職場篇

古人上班也要打卡嗎？

01 古人每週工作幾小時？

中國大陸當前有一種工作作息制度稱作「996」，即早上九點上班，晚上九點下班，一週工作六天。這種模式多流行於網路公司，成為一種加班文化。那麼，古人工作會加班嗎？古代也有「996」工作制嗎？

回答這些問題前，我們首先需要知道古代什麼人能上班。古代中國是農耕社會，大部分人都是個體務農，沒有上班的機會。有資格上班的，多是官員階層和衙門裡的胥吏衙役，另外還有奴婢和工匠。

「上班」一詞源於古人上朝。「班」最初的意思是排列，後來成為衡量隊列的量詞。官員們上朝排成不同隊列，分成文班和武班，在此基礎上衍生出了「上班」一詞。明清時期，上班多指到官府工作，如《濟公全傳》裡就有「昨天我在衙門上班」的說法。

接下來，我們就來考察一下古代官員的上班時間。《詩經．雞鳴》裡曾用「雞既鳴矣，朝既盈矣」、「東方明矣，朝既昌矣」來描寫周朝官員上班的狀態。意思是說公雞打鳴時，官員已經到朝堂上站好了；東方陽光普照時，朝堂上已經開始忙碌了。這麼看來，周朝官員的上班時間完全取決於公雞幾點打鳴，要看公雞的心情。

今天的「打工人」為了能多睡會兒懶覺，上班往往會準點打卡簽到。古代官員上班也要「打卡」。明朝《官箴集要》記載官吏衙役等人要「每日侵晨於上畫卯，至暮畫酉」。每天卯時，人們就要在簽到簿上「畫卯」簽到，這一環節又稱「點卯」。王老師在小時候常聽爺爺上班前說「到單位點卯去」，當時還納悶是啥意思，後來才知道這是源於古代的上朝制度。卯時是早上五點到七點，我們取中間值，按照六點算。從「至暮畫酉」可知，古人是在酉時下班。酉時是晚上五點到七點，我們還取中間值，按照六點算。這樣算下來，古代官員早上六點上班，晚上六點下班，一天的工作時間是十二個小時。（編按：「打工人」為大陸流行的網路語，泛指上班族、勞工等，無論職位高低，只要受雇於人都可算是。）

那麼，古代官員一週工作幾天呢？漢朝官員五天一休息，唐朝官員十天一休息。明朝最狠，洪武六年，朱元璋「令百官每月五日給假」，每月只有五日那天放假。平均算下來，古代官員一週要上六天班，再加上每天從早上六點工作到晚上六點，可稱之為「６６６」工作制，同中國今天的「９９６」工作制簡直如出一轍。

古人上班遲到或曠工也會被扣薪資嗎？當然，而且更嚴格。《唐會要》記載，在唐肅宗時期，「朝參官無故不到，奪一月俸」。缺席一天就要罰一個月的薪資，這已經非常狠了。還有更狠的！宋末元初著名畫家趙孟頫，任職兵部郎中時，因為上班遲到，被札魯忽赤（負責地方行政的蒙古官員）打了屁股。明朝皇帝也喜歡打官員屁股，這種處罰被稱為「廷杖」，官員上朝遲到或缺席就會被廷杖。明朝末期宦官魏忠賢當政時期，有個官員上朝時快遲到了，害怕被打屁股，就在紫禁城內一路狂奔，心想「只要我跑得夠快，就不會遲到」。不料，慌忙中這位官員失足掉進了御河，淹死了。這真是怕遲到怕到「殉職」。

今人不滿「996」，古人對「666」也是滿腹牢騷。宋朝的歐陽修在〈集禧謝雨〉一詩中吐槽：「十里長街五鼓催，泥深雨急馬行遲。臥聽竹屋蕭蕭響，卻憶滁州睡足時。」歐陽修在描述自己踩著泥濘冒雨上班的辛苦之際，不由得懷念起以前可以睡到自然醒的日子。

除了官吏衙役外，古代的奴婢和工匠也要上班。他們的工作時長可能比一般官員還長。清朝的方苞在文章〈婢音哀辭〉中回憶自己的一位名叫「音」的婢女時，說她「夜四鼓臥，雞鳴而起，率以為常」，即半夜一兩點睡覺，早上六點又要起床幹活，長年如此。一天裡除了睡覺時間，她都在幹活，還沒有節假日，可謂「247」工作制——二十四小時工作，一週幹七天，像工蜂一樣每天不停工作，直到生命的盡頭。今天的「打工人」感嘆上班太累，自嘲「上班『996』，生病ICU」（**編按：ICU即「加護病房」的縮寫**）。方苞的這位婢女由於工作太累，年僅十七歲就去世了，可謂「上班『247』，生病就歸西」。

到了近代，西方工廠制度傳入中國，出現了現代意義的「上班」。民國時期，上海工人的日平均工作時間為八至十一個小時。每月具體工作天數跟行業有關，紡織業最少，平均每月工作二十天；造船業最高，平均每月工作二十八天。中華人民共和國成立後，工人可以每週休息一天。即便這樣，每週工時也長達四十八小時。直到一九九五年，中國才實現了週休二日。

02 古代官員的薪資高嗎？

有人統計過，現今的丈母娘在選女婿時，最喜歡的職業依次為公務員、醫生、教師。在古代，學而優則仕，最優秀的人才通常都以當官為自己的遠大理想。那古代官員的薪資高嗎？

先秦時期，官員一般分為兩類：第一類是有爵位的貴族官員，並且可以祖傳，老子當官，兒子、孫子也能當官；第二類是非貴族出身的官員，一般隨機任用。第一類官員的收入主要來自貴族爵位所獲得的采邑。所謂采邑，就是君王分封的土地，包括土地上的人口。從采邑上獲得的收入就相當於這類官員的薪資了。這種世代做貴族、享有采邑的制度叫做「世卿世祿制」。第二類官員由於沒有「貴族編制」，也沒有采邑，因此只能從上級那兒領薪資，叫做「稍食」。稍食的多少，由僱傭雙方協商決定。春秋時期孔子周遊列國，到衛國時，衛靈公有意留下他做官，但不知道薪資該給多少，於是就問孔子：「你在魯國的時候俸祿是多少？」孔子答道：「一年大概是粟六萬斗。」於是，衛國也按這個標準給孔子發薪資。

秦朝建立後，官員不再世襲，而是由國家直接任命，世卿世祿制失去了存在的基礎。此後，官員的收入主要是國家給的俸祿。漢承秦制，不同等級的官員俸祿水準差距不大。以漢朝為例，根據《漢書》（顏師古注）和《後漢書》記載，漢朝官員從最高級別的三公到最低級別的小官，一共有十七個等級，官員的俸祿級別被稱為「秩次」。秩序的秩，反映了不可僭越的等級秩序，秩次也成了衡量官員官職大小的標準。漢朝根據官員的秩次發放相應數量的糧食（有時是半錢半糧食），糧食的計重單位為「石」，所以在不少漢朝題材的文學作品裡，官員的大小經常用幾百石或幾千石衡量。

漢朝三公（類似於今天中國的副國級官員。**編按：或類似台灣的五院院長**）的年俸祿為萬石，但這裡的萬石只是個虛數，實際為四千二百石；郡守（類似於今天的省級官員）的年俸祿為兩千石，實際為一千四百四十石；級別最小的基層公務員，月俸祿為十一石，折合每日為一斗二升，所以這種小官又叫「斗食」。最高和最低級別官員之間的俸祿差了三十多倍，差距還是很大的。

漢朝官員的收入到底是高還是低呢？我們拿同時期的普通老百姓對比一下便可知。根據學者張兆凱的估算，漢朝三公級別官員的俸祿收入為普通民眾收入的四十七倍。這樣算下來，即便是最基層的「斗食」，也是普通人收入的一倍多。二〇一八年，中國人均國民總收入約人民幣六萬七千元（編按：人民幣一元約等於新台幣四．四元，以下全書皆同）。假設這個數字是漢朝普通民眾的收入水準，那麼漢朝高級官員的年薪大約為人民幣三百一十五萬元，基層公務員的年薪大約為人民幣十萬元。由此可見，漢朝基層公務員的收入與今天差不多，但高級官員的收入就很高了，屬於「高官厚祿」。除了俸祿之外，漢朝高官還能獲得名目眾多的額外賞賜。比如東漢皇帝在年底時給予各級官吏的賞賜，稱「臘賜」，類似於今天的年終獎金。

唐朝官員的俸祿是真正的俸祿，分為俸和祿兩種。俸發的是錢和布匹，祿發的是糧食。除此之外，國家還會發給官員一塊耕地，稱為「職田」，官員可以租出去，獲得的收入即為薪資，但唐朝官員的收入並不高。有學者估計，即使是一個唐朝的五品官員，地位相當於現今中國的廳級官員，其收入與漢朝的基層公務員相比也高不了多少。另外，唐朝還經常扣薪資。皇上修宮殿、打仗缺軍費，這些都要扣薪資。

官員薪資最高的要數宋朝。宋朝官員的薪資分為兩部分：俸錢、祿粟等基礎部分稱為本俸；第二部分是各種職務補貼，稱為「添給」。據《宋史．職官制》記載，宋朝宰相、樞密使等高官，每月俸錢為三百貫，折合成今天的購買力大概是人民幣三十萬元。另外還有春、冬服各綾一十匹、絹三十匹、綿百兩，祿粟月一百石。地方的縣令級別官員每月二十貫，祿粟每月五石，另外還有鹽、茶、薪、酒等各種添給。綜合算下來，宋朝最高級別官員的月收入在人民幣百萬元上下，基層公務員每月也在人民幣萬元以上。除此之外，宋朝政府還給官員配僕人。最低級別的官員可以配一個，宰相可以配一百個，僕人的衣食開銷全由國家報銷。所以，宋朝的官員的收入是歷朝歷代最高的，清代文學家趙翼就曾在文中驚呼「宋制祿之厚」。

很多人都認為明朝官員薪資低，我們來看看具體有多低。明朝官員分九品十八級，正一品官員每月俸祿發米八十七石，級別最低的從九品官員每月發米五石。在人均收入普遍都低的明朝，這已經不少了。當時江南一個五口之家的年消費折米五十五石，九品官的年發米是六十石，二者相當，最小的官也能養得起全家人。但問題的關鍵在於，明朝官員的薪資經常不夠發，沒米的時候就折成其他東西，比如宣德年間折過布匹。有人會問：布匹拿出去賣不就好了？沒那麼簡單，折換的時候政府往往把價格定得比市場價高出好幾倍，出去賣就賠錢。最荒唐的時候，政府還把蘇木、胡椒等香料當俸祿發放給官員，滿朝文武走路時都飄著十三香的味道。

清朝官員的薪資比明朝還低。清朝一品的總督年俸銀為一百八十兩，祿米為一百八十石。按照康雍乾時期的米價計算，其俸祿折合白米六萬斤，按照現今中國超市中等價位的散裝白米人民幣四元一斤計算（編按：此指大陸市斤，一斤為五百公克。），清朝一品的總督年薪大約是人民幣二十四萬元。以此類推，七品知縣的年薪是人民幣六萬元。這個薪資水準真的不高，要知道這些俸祿還包含了手下沒有編制的幕僚的薪資，以及所有的辦公費用。所以清朝政府就允許地方官員搞一些制度性的腐敗來貼補，最有代表性的就是耗羨銀制度。

所謂耗羨，就是地方官收稅的時候以損耗的名義加收的賦稅。為什麼會有損耗呢？清朝徵收的稅賦主要是糧食和銀子。糧食在儲藏、運輸過程中有發黴變質的，還會有被蟲鼠鳥雀吃掉的，所以會消耗一部分；徵收銀子時，民眾交的大多是碎銀子，地方官府要將這些碎銀子熔鑄成官制的銀錠，熔鑄的過程也會有損耗。這些錢糧的損耗自然要讓民眾承擔，所以政府徵稅的時候一般要多加收一部分損耗，這就是耗羨。耗羨制度在漢朝就有了。清朝的耗羨加徵率一般是百分之十，因此耗羨成了地方官腐敗的來源。雍正時，為了打擊地方官吏腐敗並減輕民眾負擔，實行了耗羨歸公制度，將全部耗羨固定為正稅並上交中央，取而代之的是給地方官員的養廉銀。總督的養廉銀為一萬六千兩，加上俸祿，折合今天的年收入超過人民幣一千萬元；地方知縣的養廉銀為一千二百兩，加上俸祿，年收入約合人民幣八十萬元。

至於不能收稅的京官，就靠地方官送禮了，而且花樣極其繁多。比如冬天的時候要送「炭敬」來買炭取暖，夏天的時候要送「冰敬」來買冰降溫，過年時要送「年敬」來買年貨，上級長官家裡有喜事的時候還要送「喜敬」賀喜，甚至長官家的門衛都要送「門敬」來慰問打點。所以，清朝官員的額外收入非常高，並不靠基本薪資過日子。

03 古代官員的退休生活怎麼樣？

官員階層是古代少有的上班族，老了也會退休，古代稱為「致仕」。影視劇也常用「告老還鄉」的場景來表現官員退休，例如在電視劇《宰相劉羅鍋》的最後，劉墉就騎上小毛驢告老還鄉。此外還有「乞骸骨」、「請老」、「告老」、「懸車」、「告歸」、「乞身」、「致政」等說法，都是退休的意思。

古代官員的退休年齡一般是七十歲。《禮記．王制》記載：「五十而爵，六十不親學，七十致政。」後世也偶有將退休年齡提前的，如明太祖朱元璋曾經為了限制功臣集團的勢力，「令文武官六十以上者皆聽致仕」，將退休年齡提前到了六十歲。但古代的官員並不愛退休，畢竟「權力在手，說有就有」。就像電視劇《我愛我家》裡的老傅同志，區區一個副局長，到了六十五歲還不想退休，「又不明不白地在局裡混了兩三年」。古代官員也可以延期退休，但前提是高官。比如清朝三品以上的高官，如果身體允許，可以工作到七十歲，牙掉光了還繼續為皇帝服務。晚清重臣李鴻章，一直幹到七十九歲，最後病死在北洋大臣的任上。

古代也有提前退休的官員，比如身體不好的可以病退，如果能夠病癒可以得到復用。有的官員看不慣官場風氣或仕途不順時，會以病退為理由離開官場。明朝時，一些官員因不滿閹黨專權而主動退休，理由多是身體不適。這些官員並非沒有可能東山再起。根據《明史》記載，官員何瑭因不滿宦官劉瑾的跋扈，拒絕行跪禮只作揖拜見，他自知劉瑾不能容自己，便上書提前退休，後來劉瑾被誅殺，他又官復原職。

古人看重孝道，因此許多官員會為了回家贍養父母或者守孝而退休，前面的情況被稱為「養親」，後面的情況被稱為「丁憂」。這種退休官員，在服喪期滿後也能得到朝廷重新起用。如果某位官員的作用不可或缺，皇帝還會特批免去「丁憂」，這種情況被稱為「奪情」。明朝時，張居正輔佐年幼的萬曆皇帝，父親去世時他走不開，最終「奪情」，因此還引發了一場政治風波。

古代還有一種懲罰式退休，叫做勒令致仕，即強制退休，一般是針對犯有過失的官員。具體有三種情況，一是考察不合格者。明清兩朝有嚴格的官員考察制度，其中京官是三年一考察，稱為京察。京察合格者可優先得到升遷，不合格者就麻煩了。情節較輕的可能就會降級或勒令致仕，嚴重的會被革職或被移交司法處理——不開除，難道「留著過年」？

另外，古代被言官彈劾或失去皇帝信任的官員，也會被勒令致仕。比如清末的袁世凱，因為得罪了宣統帝溥儀的父親，即攝政王載灃，被強制病退，理由竟然是說他腳有毛病。

古代官員的退休待遇如何呢？首先，品級和榮譽頭銜可以保留，運氣好還會被加官致仕，在退休後仍然享有較高的社會地位；其次，古代官員退休後還可以享受免役、免稅的待遇。古代多是宗族大家庭，一人為官，全家免稅，這個福利很實在。

大家最關心的可能就是退休金了。在明朝之前，官員並沒有退休金。有時皇帝會恩賞個別官員退休後繼續享受俸祿，但這屬於特殊情況。考察明朝官員的生平資料，享受過這種待遇的官員鳳毛麟角。到了清朝，官員就有退休金了，有全俸者，有半俸者，也有無俸者。一般而言，勒令致仕的官員沒有退休金，誰讓你犯錯了呢。到年齡主動退休的，一般會享受半俸，三品以上高官能享有全俸，這屬於「光榮退休」。但古代官員並不在乎這些退休金，因為在任時早就在老家屯買田產，退休後靠收租也足夠生活了。

古代官員退休後都幹什麼呢？古人鄉土觀念較重，致仕後都會回到老家的大家族中去安度晚年，並不會留在京城養老。退休後，有的人會著書立說，終日以經史子集、詩詞歌賦為樂，這是風雅的一派；有的人會放縱於聲色犬馬，好好釋放一下當官時的壓抑，這是逍遙的一派；有的人會務農種地，同瓜果蔬菜、花花草草為伴，這是田園的一派；有的人會回家鄉辦教育，主持書院，開館授課，傳授為官經驗，培養下一代，這是發揮餘熱的一派；還有一些致仕後的官員會橫行鄉里，與地方官員相勾結，為害一方，這是厚顏無恥的一派。清朝學者趙翼在其著作中就曾感慨：「不特地方有司私派橫徵，民不堪命，而縉紳居鄉者，亦多倚勢恃強，視細民為弱肉，上下相護，民無所控也。」那時候，連已經退休的官員都能讓老百姓上告無門，真心慶幸我們能活在當代。

04

古代有消防隊嗎？

火災是一種發生頻率很高，對生命和財產危害極大的災難。在今天，如果發生了火災，人們只需要撥打電話「一一九」，配備專業滅火設備的消防隊就會趕來滅火。那麼古代如果發生火災，人們該怎麼辦呢？古代有消防隊嗎？這一篇我們就來聊聊這個話題。

「消防」並非中國的本土詞，而是在近代從日本傳入的外來詞。「消」意為滅火，「防」意為防火，日本人將兩字組合，產生了「消防」一詞。

中國自古就有消防事業，在古代被稱為「火政」。根據《周禮》記載，早在西周，政府就設置了專門負責火政的官員。《後漢書．百官志》記載，漢朝政府設有「執金吾」一職，其職責為「掌宮外戒司非常水火之事」，即負責京城的警衛和消防。執金吾之下設有若干街亭，每個街亭負責相應區域內的治安和消防，類似於今天派出所和消防隊的結合體。東漢開國皇帝劉秀在兒時就曾許下「仕宦當作執金吾」的願望，夢想當個監管消防的治安大隊長。

到了唐朝，執金吾被武侯鋪取代。武侯鋪內備有專門的滅火設備——水袋。這種水袋用一整張牛皮或羊皮縫合而成，容量可達三四石。水袋內還插有一根長長的竹筒，人在使用時可以控制水流沿著竹筒流向著火點。這種設備可以遠距離滅火，比用水桶潑水的方式要精準得多。

執金吾和武侯鋪都是兼職消防。中國最早的專業消防隊誕生於宋代，名為「潛火鋪」，「潛火」就是滅火的意思。一座城市中潛火鋪的數量與該城市的規模大小有關，一般建在城區內地勢較高的地方。潛火鋪內要搭建「望火樓」，樓的基座有九米多高。站在望火樓上，附近城區一覽無餘，可及時發現火情。望火樓內配有旗幟和油燈，用來發出火情信號。白天，如果舉一面旗代表外城著火，舉兩面旗代表內城著火，舉三面旗是最高警戒，代表皇城附近著火。如果晚上著

▲ 北京西四牌樓旁的望火樓（攝於二十世紀初）

火，則用舉油燈代替舉旗。潛火鋪內的滅火設備一應俱全，如大小水桶、灑子、麻搭、斧鋸、雲梯、火叉、大索、鐵錨等。居然還有斧鋸，這些到底是滅火還是拆遷設備？別急，一會兒你就明白了。

望火樓發出火情示警後，潛火兵立即出動，力求在最短時間內趕到火災現場。潛火兵統一著裝，身穿寫有編號的「火背心」，目的是防止外人混入火災現場趁火打劫。另外他們還配有氈帳，用水浸溼後披在身上，可以有效防止燒傷。

潛火兵到達現場後，首先採取澆水的辦法滅火，一般的火災用水桶潑水即可撲滅。對於較高或無法接近的起火點，潛火兵就要用遠程滅火設備了。除了前面提到的水袋外，宋朝還出現了水囊。水囊用豬或牛的膀胱製成，每個可裝五六升水。使用時，潛火兵將水囊直接拋擲到起火點，

▲古畫裡的望火樓（出自《清明上河圖》）

囊破水出，達到滅火的作用。滅火用的水，都是就近取用。古代的房屋密集區會設置消防水缸，儲滿水以備滅火之用。清朝的紫禁城內，就有大大小小三百零八口銅製的消防水缸。

此外，宋朝還出現了另一種遠程滅火設備——唧筒。北宋《武經總要》記載了這種設備的構造：「用長竹，下開竅，以絮裹水杆，自竅唧水。」唧筒的主體是兩根長短一樣的竹筒，一根略粗，一根略細。將細竹筒包裹棉絮後插入粗竹筒中，使用時將細竹筒向外拉，並在粗竹筒內注入水，然後擠壓推入細竹筒，利用壓強將水射出。細竹筒包裹的棉絮作用是儘量隔絕空氣，增大粗竹筒內部的壓強。唧筒的工作原理類似於今天擠壓式水槍或醫用注射器，滅火距離遠且精準，是工藝技術相當高的滅火器具。直到清代從日本引進「消防水龍」以前，唧筒一直是中國最好用的遠距離滅火設備。

▲ 竹製唧筒（藏於中國消防博物館）

如果火情嚴重到無法撲滅，那就只能退而求其次，採用阻燃法限制著火範圍，以減少火災損失。古代蓋房的時候會設置防火牆，古人稱「封火牆」。其實就是修築一面高出房屋的空白牆，或者直接將房屋側面的山牆加高。火災蔓延至空白牆體處，會因沒有可燃物而停止。如果沒有防火牆，潛火兵會使用一種名為「麻搭」的救火工具，其實就是在八尺長的竹竿上繫上二斤散麻。救火時，潛火兵用麻搭蘸上泥漿來塗抹牆壁以形成防火隔離層，阻止火勢蔓延。

如果火勢太大，防火牆已經無法發揮作用了，這時潛火兵就會使用終極大招——破拆法，將火災下風處的房屋拆掉一些，使其變成空地，形成防火隔離帶，使火焰到達此處後燒無可燒。前文提到的斧鋸、大索、鐵錨等拆家工具，這時就派上用場了。用大索或鐵錨套在房樑或立柱上，眾人猛拉即可將房屋拉倒。

因救火而導致自家房屋被拆，這些家庭似乎有點慘。難道只能自己認賠？當然不會。根據《宋會要輯稿》記載，如果因為防火而導致房屋被拆的話，屋主是可以申請「國家補償」的。由此可見，趙宋王朝還是頗為文明的。

穿上火背心，登上雲梯，用唧筒射水滅火，這畫面是不是有點現代消防員滅火的味道？其實古人的生活並不蒙昧，很多現代的事物，在古代就能找到雛形。古人和今人的生活方式，沒有本質上的差異，差的只是技術上的進步。

05 古代的人口買賣合法嗎？

看過《紅樓夢》的朋友，可能會對書中提到的「人牙子」這一職業留有印象。第八十回中，薛姨媽一時氣急，揚言要賣掉香菱，並說「我即刻叫人牙子來賣了她」。可以推知，人牙子這一職業和人口買賣相關。那麼，古代的人口買賣是合法的嗎？其具體流程又是怎樣的呢？接下來王老師就為大家詳細說說。

販賣婦女、兒童在今天是嚴重的犯罪行為，情節特別嚴重的可判處死刑。然而在古代，人口買賣卻是一門合法的生意，主要有以下三個原因。

首先，古代的平民有「良民」和「賤民」之分。最初的賤民是奴隸，後世多為罪犯或娼妓、伶人這樣的特殊職業者。賤民多充當奴婢，可以像牲口一樣被合法買賣。根據《資治通鑑》記載，秦代便有「奴婢之市，與牛馬同闌」的現象。

其次，古代社會有人口買賣的現實需求。豪門家庭人口眾多，需要大量服務人員。顧炎武在《日知錄》裡記載，明朝「關中仕宦之家，（奴僕）有至一二千人者」。像《紅樓夢》

裡的賈家擁有上千名男丁與侍女，絕非文學上的虛言。一次性購買奴婢比按年月僱用更為划算。有需求，自然就有市場。古代被買賣的人口中不只有賤民，有的良民之家因天災人禍也會賣兒鬻女，甚至還有丈夫賣妻子以及婦女自賣的現象。

最後，古代的婚姻制度也需要人口買賣。妾的本質便是奴婢，所以納妾多靠花錢買。同時，古代流行厚嫁，嫁不起女兒的人家，有的只好將女兒賣掉。有的人家甚至從小就對女兒進行藝術培養，以便長大後賣個好價錢。南宋徐元傑就曾上奏說：「臣看到都城裡的人家生了女兒，從小就教授歌舞培養成伶人，算計著女兒長大賣個好價錢，完全沒有當父母的心腸了。」可見，這種把女兒當搖錢樹的行為在當時同樣是受輿論極力譴責的。

人口買賣是特殊交易，買賣雙方很難直接洽談，這就催生出了「人牙子」這一職業，從中撮合並收取一筆佣金。「牙人」一詞在古代是中介的代名詞，房牙子就是房產中介，人牙子就是人口買賣中介。不同於今天的人販子，人牙子在古代可是一項合法職業。人牙子要有諸多職業技能，首先要口齒伶俐，和媒婆一樣能說會道。其次，還要有龐大的社會關係網，能出入大戶人家，以便時刻掌握供需資訊。《醉翁談錄》中記載了這樣一個故事：北宋都城汴京有一個人牙子名叫林三娘，某日得知一位鹽商想要轉讓一個十五六歲的婢女，林三娘立即前往，只看了一眼便斷定這位婢女正是霸橋左張官人家所需要的。於是林三娘將其帶往張家，張家果然滿意，買賣隨即成交。就這麼小半天的工夫，林三娘就做成了一筆生意，可見其職業技能的高超。

人牙子還要有很強的避險意識，畢竟買賣人口的生意很容易惹上官司。唐朝律令《唐會要》規定：明知被賣者是良人還繼續交易的，人牙子要被追究刑事責任；如果存在強行買賣或拐賣行為的，人牙子會被處以絞刑。因此，古代的人牙子都會小心謹慎，儘量避免捲入官司，否則會遭到官府的嚴厲懲處，甚至搭上性命。

古代的人口買賣具體流程是怎樣的呢？

第一步，人牙子接受買賣雙方的委託，安排買方「看貨」。一般是買方先提出購買需求，如用途、姿色、手藝等方面的要求，然後人牙子按圖索驥地去尋找賣方。如果是買女子做廚娘，買方會最看重手藝；如果是買女子做妾，則最看重長相和身材。

第二步，問被賣人的來歷和意願。這一環節是為了保證交易的合法性。如果被賣者來歷非法，比如女子是有夫之婦，或者女子本人是被拐賣的，買主今後可能就會官司纏身。當然，這一點需要以人牙子的信用作擔保。一旦今後出事，買主就會找人牙子負責。如果被賣人出逃了，人牙子也要承擔追討之責。

最後一步，立契約並在官府備案。契約要在付款後三日內寫立，簽字後的契約被稱為

「白契」，拿到官府蓋印後成為「紅契」。這一步驟相當於今天的交易過戶，過戶後的紅契受法律保護。當然，過戶時也要交契稅給官府，宋朝時的稅率一般為百分之十。

過戶之後交易就徹底完成了嗎？還沒有。人口買賣還要遵循「聽悔」原則，即給買賣雙方一個冷靜期，一般是三天。如果三天之內反悔，則交易無效，可以無條件「退貨」。交易完成後，如果買方滿意，還會給人牙子一個「好評」，向身邊的朋友推薦。可見，古代的人口買賣交易有較完善的規範，程序嚴謹，售後有保障。

明清時期，江南地區的人口買賣異常火爆，特別是買賣漂亮的婢女。由此催生出一個特殊產業——美女養成，古人稱之為「養瘦馬」。明朝的張岱在〈揚州瘦馬〉中詳細記載了這一產業的情況。人牙子專門收養那些出身貧寒但相貌姣好的女孩，然後精心地進行藝術培養，琴棋書畫加舞蹈，樣樣都要會。這種女孩被稱為「瘦馬」，因身材苗條而得名。等到她們長到十五六歲時，便可高價賣出。命運好的，賣到大戶人家做妾室；命運不濟的，可能就淪落煙花場所。揚州是當時最大的商業都市，巨賈雲集，瘦馬市場需求極大，當地很多人家幹起了這一行業，這使「揚州瘦馬」名揚天下。

06

古代律師為何被人看不起？

在香港藝人周星馳主演的電影《九品芝麻官》裡，有一個訟師名叫方唐鏡。他在公堂上對主角包龍星叫囂「你打我呀！」，最後真的就「求錘得錘」了。訟師這一職業在古代頗為普遍，其工作內容相當於今天的律師。然而在古代，訟師其實是一個備受歧視的職業，這其中有何緣由呢？

訟師的鼻祖可追溯到春秋時期的思想家，「名辯之學」的創始人鄧析。他創立的名家學派專門研究邏輯和推理，且善於辯論，因而非常擅長打官司。根據《呂氏春秋》記載，鄧析經常幫民眾寫狀詞、打官司，大的案件收一件大衣作為報酬，小的案件則收一條褲子。當時，帶著衣服去找鄧析求助的民眾絡繹不絕，其收入足可以開服裝店了。儘管當時已有訟師這一性質的職業了，但還沒有「訟師」這一叫法。直到宋朝，隨著社會發展和市民階層的崛起，民眾維權意識提高，一言不合就打官司，古人稱之為「好訟之風」。於是訟師這一稱謂開始在宋代出現。在近代西方訴訟制度引入中國之前，訟師一直是律師的代名詞。

古代的訟師多來自讀書人，特別是那些科舉不中當不了官的，很多就當起了訟師。畢竟，訟師幫人打官司不僅得邏輯能力強，還得引經據典，有一定的文化素養。具體地講，訟師需要以下幾個技能。

首先，訟師要了解法律條文和訴訟程序，會寫各種法律文書。古代並沒有專門的法律學校來教這些東西，卻有很多訟師職業技能的培訓書籍，稱為「訟師祕本」。為什麼要叫「祕本」呢？因為古代統治者非常厭惡民眾打官司，認為這會導致社會不安定，「息訟」觀念根深蒂固。另外，中國古代的法律是統治者意志的體現。早在春秋時期的《左傳》就說過「刑不可知，則威不可測」，認為法律的根本作用是威懾民眾，民眾越不懂法，就越懼怕法律的威嚴。教人打官司的書只能在民間祕密傳播，故為祕本。儘管古代統治者嚴格限制，但民間祕本屢禁不止。最著名的訟師祕本是明朝的《蕭曹遺筆》，此外還有《折獄奇編》、《法林照天燭》、《霹靂手筆》等十幾種。

其次，訟師要有非常好的文筆。訟師方唐鏡在公堂之上慷慨陳詞，唾沫星子橫飛，這在古代是不太可能發生的。因為古代打官司必須是當事人親自對簿公堂，禁止外人代理，訟師也無法進入公堂。訟師的主要服務方式是在背後給當事人出主意和代寫狀詞。狀詞是訟師主要的用武之地，最考驗訟師的功底，不僅要文筆精練、法條運用精準，還要善於引用儒家經典，因為這樣的狀詞容易贏得儒學出身的官員的信服。

《清代筆記小說類編》就記載了一位浙江湖州的女訟師的故事。這位女訟師外號「疙瘩老娘」，特別擅長引經據典。有一年，江北地區大災，江北米商就到江南地區收購糧米，江南的米商怕糧米被買光影響自己的生意，故意不賣，雙方鬧到了官府。江北米商擔心當地官府會保護地方，就重金請疙瘩老娘代寫狀詞。疙瘩老娘不負眾望，寫出了一篇慷慨激昂的狀詞，其中最經典的一句是：「列國紛爭，尚有移民移粟；天朝一統，何分江北江南？」這就引經據典地把商業糾紛上升到了政治高度，官員再想偏袒本地人也絕不敢犯「分裂國家」這樣的政治錯誤，最後江北米商勝訴。

還有一位訟師，在一樁債務官司中為債主寫狀詞，將債務人欠錢不還的嘴臉描述得維妙維肖：「昔日借銀，釋迦口吻；今朝索債，悟空腳跟。」我們今人常說欠款者「借錢的時候是孫子，還錢的時候是大爺」，看來古代的情況也如此，只是古代訟師的描寫更為文雅，還不失幽默。

律師還要精通人情世故，要有豐富的生活經驗。清代蕪湖的一位訟師，為解決兄弟爭訟，讓兄弟二人對面互喚，一方喊一句「哥哥」，另一方就要應一句「弟弟」，還未叫十聲，二人就撤訴了。這就是利用手足親情化解爭端。當然，這個前提是雙方都得「要臉」。

現在有些兄弟姊妹為爭奪財產，無論法官如何調解，他們也只認錢財而不認親情。別說叫哥哥了，就算叫爸爸都不好使。

古代訟師要具備如此多的技能，收入自然也不菲。清朝時，訟師寫一份狀詞要收三到五兩銀子，涉及死刑大案時要價還會更高。要知道，清朝普通人一年的收入也才十兩銀子左右，訟師寫兩三個狀詞就夠了，可見其收入之高。

儘管有學問且收入頗豐，古代訟師的社會地位依然不高，頗受輿論歧視，甚至被稱為「訟棍」，跟惡棍差不多。這是為何呢？首先，古代統治者反感民眾打官司，官員也不願意處理民眾的官司。判得雙方都滿意很難，有的不服者會越級上訪，更有甚者赴京告御狀，謂之「京控」，給官員帶來很多麻煩。而訟師專門幫人打官司，必然招致整個官方意識形態的壓制。其次，有一些訟師貪圖金錢，故意搬弄是非，教唆訴訟甚至做偽證，這也敗壞了訟師群體的名聲。最後，訟師一個月就能賺普通人一年的收入，很讓人眼紅，容易招黑。其根源在於：古代中國是人治社會，而不是法治社會。訟師的作用是幫助民眾用法律武器維護自己的權益，這必然觸犯了統治者的利益。畢竟，對專制統治者來說，無知且聽話、不懂維權、不知法律能幫自己的民眾，才是他們最想要的「好民眾」。

07

古代老師的待遇好嗎？

中國現在中小學教師的收入，比過去有了很大的提高。有些發達地區的教師，年薪普遍已達到了人民幣二三十萬，以至於很多清華和北大的畢業生都競相去一線城市的中小學當老師。那麼在古代，老師的待遇好嗎？這一篇，王老師就來為大家介紹一下古代教師的待遇。

古代的教師有兩種，一種是官府開設的各級官學的教師，這種教師亦師亦官，享受國家俸祿，相當於今天的公立大學教授，但人數鳳毛麟角。古代大部分教師都在私學（也就是俗稱的「私塾」）教書，其地位類似今天的中小學教師。歷史上最早辦私學的是孔子，根據《論語》記載，其所收的學費是「束脩」，也就是十條肉乾，後世便以束脩泛指教師的薪資。接下來，我們就以私學較為發達的明清時期為例，看看古代中小學教師的待遇如何。

從學生來源看，古代的私塾分為三種類型——散館、私家私塾和社會私塾。

所謂散館，是由教師自己開辦的學校，學生來館學習並支付學費。開散館的教師一般需要很高的學識和聲望，多是名儒或退休官員，否則也招不到學生，清朝康有為創辦的萬木草堂就屬於散館。散館本質上屬於教師創辦的私立學校，教師也是老闆，薪資依據效益而定，沒有固定數字。

私立私塾分為兩種：家塾和族塾。富貴的人家聘請老師來家裡，專門教自家的公子和小姐，這就是家塾。《紅樓夢》裡，賈雨村就是林黛玉的家塾教師。家塾教師提供的是私人定製服務，服務的對象是富裕階層，薪資自然不會低。清代小說《綠野仙蹤》記載，一位頗有學問的舉人名叫王獻，被一大戶人家請去當家塾教師，商定年薪八十兩。後來，這戶人家嫌薪資太高，頗有怠慢之意，王獻就收拾鋪蓋準備走人。另一個大戶人家聽說後，急忙把王獻請去，開價年薪一百兩。乾隆年間，中等農戶的家庭年收入大約是三十二兩。對比可知，當時家塾教師的收入是中等農戶收入的兩到三倍。

除了支付薪資，僱主還要安排家塾教師的一日三餐。日常餐食要保證一葷一素，節慶日子要兩葷兩素。待遇這麼好，對家塾教師的要求自然也很高。像前面說的王獻，是舉人出身，相當於中國北大或清華的畢業生。可見，古代也不乏高學歷的教師，而且收入也頗豐。想要當家塾教師，除了有學識外，還要經過「薦館」這個應聘環節，即獲得官員或鄉紳朋友的引薦。

所謂族塾，是由一個大宗族開設的學堂，專門教授本族的孩子。族塾教師一般由本族中有學識的人來擔任，如果本族中找不到合適的人選，就聘請外人來任教。《紅樓夢》裡，賈瑞的爺爺賈代儒，就是賈家的族塾教師。族塾的辦學經費來自本家族的學田。所謂學田，是古代為辦學而專門購置的田產，其收益全部用於學校經費。族塾教師的薪資可參考家塾，但一般不會高於家塾，畢竟族塾教師多出自本族，給的都是親情價。

再來說說社會私塾，一般也分兩種類型：一種是村塾，服務一個村或幾個臨近的村；另一種是義塾，是地方官紳地主們為貧困學生設立的公益性學校。村塾和義塾教師的聘用要求不如家塾高，薪資也低於家塾。明代《沔陽義塾記》記載：「師則月支米一石，歲給銀十兩。」換算到今天，相當於每月一百八十斤白米、每年再給人民幣一兩萬

▲ 古代私塾（出自仇英《村童鬧學圖》）

元。清朝官員粟毓美訂立的《義學條規》中，對教師的薪資做出了這樣的規定：「今擬定脩金四十兩為大學，三十兩並二十五兩為中學，二十兩十數兩為小學。」這裡的大、中、小學，指的是學生人數規模，從十到二十五名不等。這兩個例子可以看出，明清時期普通教師的收入同中等農戶收入差不多。另外，這些學校是不管飯的，教師食宿自理。條件差的私塾，連住的地方都不提供，教師可能要到寺廟借宿。這些學校的日常教學用具開支也要由教師自己承擔，最後剩下來的薪資只夠教師養家餬口。

古代教師在逢年過節時也會收到「紅包」。與今天違規的灰色收入不同，古人給老師的「紅包」具有公開的禮節性質，由辦學者統一發放，類似節日福利。根據《常熟縣儒學志》記載，明朝常熟縣塾師收紅包的規矩是「清明、端陽、中元節儀各三錢」，加一起大約一兩銀子，合今天人民幣約一千多元。

和每個「打工人」一樣，古代教師也最怕欠薪，但他們不會拉布條上訪，而是用比較文雅的方式表達不滿，比如寫詩。明朝的笑話集《解慍編》中就記載了這樣一首詩：「東君何事太蠻擅，束脯終年不肯還。擎傘遮陰專為熱，圍爐向火只因寒。」從題材上看，這首詩既非山水田園，也非邊塞懷古，可謂自創門派的「討薪詩」。古代老師連討薪都這樣看重師道尊嚴，著實有些無奈。

家庭篇

古人娶老婆難嗎？

08 古人如何解決「剩男」問題？

在《古人原來這樣過日子》中，我們曾經探討了古人解決「剩女」問題的方法。本篇我們再來聊聊古人是如何解決「剩男」問題的，看看古代剩男的出路在哪裡。

在古代，特別是明清時期，剩男的數量遠多於剩女。根據史料記載，明代浙江「金衢之民無妻者半」。這說法雖有些誇張，但也能說明當時的光棍非常普遍。有學者對中國十八世紀的婚姻家庭類案件中當事人的婚姻狀況進行了統計，結果顯示：二十五歲以上未婚男子占調查樣本總數的百分之十五點三七。古代人均壽命較低，男子二十五歲還沒結婚就屬於剩男範疇了。按這個結果推論的話，當時每六個男子中，就有一個是剩男。

古代為什麼這麼多剩男呢？根本原因還是這些人太窮，娶不起媳婦。另外，還有如下幾個因素：首先，古代實行一夫一妻多妾制度。有錢的男子妻妾成群，占據了大量女性資源，導致分配不均衡。正所謂「旱的旱死，澇的澇死」。其次，古代重男輕女，造成了嚴重的性別比例失調。男多女少，進一步增加了男子脫單的難度。最後，明清時期的婦女貞潔觀念強調女性要從一而終，對婦女再嫁持否定態度，導致大部分的女性無法繼續婚配。總之，古代男人如果窮，最後很可能會被剩下。

漫漫長夜，孤枕難眠。沒有現代社會的各種社交媒體，古代的光棍們承受著心理和生理的雙重折磨。由於獨自一人很難生活下去，古代的光棍會想方設法地謀求各種「特殊婚姻」。

第一種特殊婚姻是買賣婚，即努力賺錢，買個媳婦。和富人家買妾還不一樣，光棍買媳婦沒那麼多講究，只要便宜就行。這樣買來的媳婦，一般是寡婦或者二婚，尤其是寡婦特別搶手。明清時期，中下層社會經常有「搶孀婦」事件，以至於一些寡婦在喪夫後，會以毀面、割耳、斷指等自殘行為來表明自己不想再嫁的決心——讓你們看見我就想吐，看你們還搶不搶！

第二種特殊婚姻是入贅婚。古代入贅的男子，多數是家庭貧苦無力娶妻的窮人。入贅後，男子的社會和家庭地位都非常卑微。這反映了底層社會的男子在嚴峻的婚姻形勢面前，不得不放棄自己的尊嚴，甚至違背宗法倫常。詳細的介紹可參見本書中的〈古代贅婿的處境如何？〉一篇。

第三種特殊婚姻是收繼婚，即娶自己已故兄弟的遺孀。清末民初的湖北襄陽、甘肅隴西、寧夏徑源、安徽貴池和歙縣等地就流行這種婚嫁方式。史料記載：「若身故，兄無妻子者，則以弟婦轉配其兄為妻；兄故，弟無妻子者亦如之，親屬多贊成無異。」哥哥娶弟媳，弟弟娶嫂子，是古代光棍脫單的捷徑。在「窮」面前，光棍沒有什麼退路可言。

第四種特殊婚姻是交換婚。男子為了娶妻，將自己的姊妹給女方的兄弟做妻，俗稱「姑嫂換」。這種互通有無的婚姻方式須滿足一個必要條件：家中既要有兒子，又要有女兒。窮人家庭可未雨綢繆，生兒子之後想辦法再生一個女兒。這樣的兒女配置，能保證女兒嫁得出去，兒子也能娶上妻子。只是婚後的家庭關係有點複雜——丈夫的妹妹是自己的嫂子，妻子的哥哥是自己的妹夫，正所謂「肉都爛在鍋裡」。未來生的孩子，既要管自己的舅舅叫姑父，又要管自己的姑姑叫舅媽。

以上種種，便是光棍的特殊婚姻。還有許多光棍連這些特殊婚姻都搆不上，只能走上私通、尋娼妓，抑或性犯罪的道路，最後身心俱毀，甚至惹上人命官司，其人生境遇令人唏噓。

不同於古代，今天的很多光棍並非娶不起，而是不想娶。無論男女，人們都在追求靈魂上的自由和生活上的獨立，不想違心地在生活中將就另一個人，除非遇見了真愛。不過真愛難覓，萬一遇不到也別怕，光棍同胞幾千萬，可繞地球四圈半。

09 古代的彩禮送什麼？

現今的中國，人們常常能聽到有關天價彩禮的新聞，特別是在一些農村地區，關於結婚彩禮更是有「三金」、「萬紫千紅一片綠」等說法。許多家庭因彩禮不堪重負。在二〇二〇年頒布的《中華人民共和國民法典》第一千零四十二條明確規定「禁止借婚姻索取財物」。那麼，古代的彩禮多嗎？都送些什麼呢？本篇我們就來梳理一下彩禮的歷史。

所謂彩禮，是指男方在婚前以結婚為目的贈送給女方的財物，古人稱之為「聘禮」。古代婚禮有六個環節，即「婚姻六禮」，其中有一個專門送彩禮的環節，叫做「納徵」（詳細內容可參見《古人原來這樣過日子》中〈古代結婚難嗎？〉一篇）。《禮記》裡有「非受幣，不交不親」的說法，意思是如果不給彩禮，雙方都不能進一步接觸。這說明古人非常重視彩禮，將其視為婚姻成立的重要環節。在某種程度上，一旦送出了彩禮，就表示男女之間的婚姻關係已經基本成立，就差個儀式了。古人既然如此重視彩禮，那送的數量是不是就很多呢？這個問題，就要分時代和階層來具體分析了。

先秦時期，人們更注重彩禮背後的美好寓意，不太講求經濟價值和數量多少。《儀禮．士昏禮》規定了士大夫階層的彩禮內容：玄纁束帛和儷皮。束帛是捆為一束的五匹帛，當作為彩禮時，這五匹帛的顏色必須為玄、纁兩色，即黑色和紅色。黑色代表上天，主陽；紅色代表大地，主陰。這兩種顏色合在一起意指陰陽結合，表示婚姻順應天命。儷皮指鹿皮，一般要送兩張，古人也講究好事成雙。之所以送鹿皮，是因為鹿在野外常成群出現，常給人一種子孫繁盛的印象。古人有生殖崇拜的思想，送新人鹿皮是祝福他們在日後像鹿群一樣子孫興旺。當然，如果古人知道翻車魚一次產卵可達三億顆的話，可能就送翻車魚了。

大雁也是古人喜歡送的彩禮。婚姻六禮中，有多個環節都和大雁相關。古

▲ 古畫中的大雁（出自《宋人畫秋塘雙雁圖》）

人為何如此執著於大雁呢？首先，大雁是守時模範，每年春天向北飛，冬天又向南飛，周而復始。這種守時的作風正是婚約要遵循的原則——準時來娶我，別晃點人家。除此之外，還暗喻婚後丈夫要準時回家，不要夜不歸宿或者回了別人家。其次，民間認為大雁一生只有一個配偶，象徵著忠貞不渝的愛情。最後，大雁遷徙時非常重視隊形：「一群大雁往南飛，一會兒排成個『人』字，一會兒排成個『一』字。」這種對秩序的重視，正符合家庭生活中夫唱婦隨、和睦有序的美好願望。

先秦平民階層的彩禮雖不像士大夫階層有那麼多講究，卻也很重視美好的寓意。《詩經》裡最常見的平民彩禮是鹿皮、桃和花椒。是的，花椒也能作為彩禮，但這並不是在暗示妻子今後要多下廚房，而是表達對子孫興旺的美好願望。因為花椒的果實是成串的，一粒粒的，數量非常多，象徵著「多子」。由此可見，古人對婚姻的期望其實非常樸實無華——努力生孩子。

到了漢朝，彩禮的內容變得豐富了，特別是富貴人家。既有寄託美好寓意的禮物，比如象徵夫妻關係如膠似漆的膠和漆，以及鴛鴦、合歡鈴之類；還有一些生活必需品，比如生火用的陽燧、寫字用的丹青，還有清酒、粳米等食物。據統計，漢朝的彩禮種類合計有三十多種。

除了送東西，漢朝人還開始送錢了，天價彩禮的罪惡之門就是在漢朝打開的。漢朝官員階層娶妻最低的彩禮數目是兩三萬錢，相當於一位刺史一年的俸祿。高級官吏的彩禮數更是水漲船高。《後漢書・列女傳・皇甫規妻》記載，董卓想娶皇甫規的遺孀，出的彩禮是「輧輜百乘，馬二十匹，奴婢錢帛充路」。這個彩禮的價值在百萬錢以上，即便是當時的丞相，也要領十年的俸祿才能賺回來。

到了唐朝，彩禮的種類更是五花八門。《敦煌文書》記載了當時一個送聘禮隊伍的配置：走在最前面的是兩匹馬，緊跟著的是兩個車轎乘具，接下來是布帛和錢財，再接下來是豬羊、糕點等食品，最後是油、鹽、醬、醋、花椒、蔥、薑等調味料，可謂「十里紅妝」。這個彩禮隊伍不僅有排場，還很有味道，估計十里之外都能聞到，如果不說是彩禮隊伍的話，還以為是賣十三香的來了。

古代送彩禮最「豪」的，當屬宋朝。南宋《夢粱錄》中記載「富貴之家，當備三金送之」，可見宋朝就已經有「三金」的說法，分別指戴在手腕的金釧、戴在腳踝的金鐲，以及掛在霞帔禮服上的黃金飾品。即便是平民百姓之家，彩禮也包含銀錠、布帛、鵝、酒、茶餅等物。值得注意的是：這時的彩禮沒有大雁了。這是因為野生大雁不易得，於是換成了家養的鵝，苦命了千年的大雁終於可以放心地飛翔了。與更注重彩禮寓意的先秦和漢朝相比，

▲ 迎親人員將彩禮舉過頭頂（出自仇英《清明上河圖》）

宋代的彩禮更注重實用性和經濟價值，不玩虛的，只要實的。

這麼昂貴的彩禮，如果悔婚了，彩禮能否退還呢？這就要看悔婚的過錯方是誰了。明朝的《大明律》規定：如果男方有過錯，就不能要求退還彩禮；如果女方有過錯，那麼男方可以要求退還彩禮。看來，古代法律也會防範女方以結婚的名義來騙取彩禮。

天價彩禮在漢朝的官宦階層中出現，在宋代開始全民流行。有人可能會想：如果能穿越回宋朝，我一定要多生幾個女兒，光是收彩禮就可以發家致富了。抱歉，你想多了，與彩禮相比，宋代的嫁妝更誇張！我們下一篇就來仔細講一講。

10

古代的嫁妝送什麼？

婚姻論財，是宋代婚姻的重要特徵。究其根源，在於士族門閥制度的瓦解。門閥制度形成於東漢後期，興盛於魏晉南北朝時期。在門閥制度下，人的社會地位取決於他的家庭門第出身。士族天生就是貴族，他們不與庶族通婚，以保證血統的高貴純潔。唐朝時，科舉制盛行，選官看才學而不再看門第，庶族從而崛起，門閥制度逐漸瓦解。到了宋代，婚姻雖講求門當戶對，但判斷門戶的依據不再是門第，而是地位和財富。在這種社會風氣下，宋代不僅彩禮豐厚，嫁妝則更「豪」。

嫁妝在古代被稱作「奩產」，「奩（ㄌㄧㄢˊ）」

▲ 漢朝彩繪龍紋漆奩（藏於中國安徽博物院）

的本意為女子的梳妝盒，其形制是一個帶有蓋子的圓形木盒，裡面分成很多盛放化妝品的格子。由於奩是女性專用並且隨身攜帶的東西，古人將其引申為女子的嫁妝，非常貼合形象。

古代女子的嫁妝主要有兩個來源：一是男方給的彩禮，女方要以嫁妝的形式再陪嫁過去；二是娘家額外準備的陪嫁奩產，其中父親準備的占大頭，其次是生母準備的。如果妳的生母是正妻，而她當年嫁過來時也帶來了豐厚的奩產，便能為妳準備豐厚的嫁妝；如果妳的母親是妾室，她自己當年都是被買過來的，能給妳的嫁妝便也沒有多少。另外，奶奶和姑嫂也可能為妳準備一份嫁妝，具體有多少就要看妳的受寵愛程度了。一般來說，父親會一視同仁，無論嫡庶，準備的嫁妝都差不多。而來源於生母、奶奶、姑嫂的嫁妝，差距就很大了。在電視劇《知否知否應是綠肥紅瘦》（本書之後出現時均簡稱《知否》）的原著小說中，嫡女華蘭出嫁的嫁妝非常豐厚，妾室林姨娘見狀，就想讓夫君盛紘為自己的庶出女兒墨蘭也準備等量的嫁妝，但盛紘卻說：墨蘭是自己的骨血，他這份自然不會少，但大娘子和老太太要添置多少，他也管不了。

嫁妝包含了男方家的彩禮，所以數量一定會超過彩禮。在宋代，嫁妝通常會是彩禮的兩倍。南宋呂祖謙所訂《宗法條目》就規定：「嫁女費用一百貫，娶婦五十貫，嫁資倍於娶費。」這就以家族法規的形式確定了嫁妝要高於彩禮一倍的原則。如果是豪門富家女，嫁妝會更豐厚。

厚嫁之風在今天的閩南地區依舊盛行，陪嫁物常常有豪車、商鋪、黃金，以及動輒百萬的現金。這種厚嫁風氣可能沿自宋朝。根據南宋《夢粱錄》記載，嫁妝的基本內容包括「房奩、首飾、金銀、珠翠、寶器、動用、帳幔等物，及隨嫁田土、屋業、田園等」。可以看出，嫁妝不僅有金銀細軟，還有生活器具，以及不動產，難怪蘇轍含淚寫下「破家嫁女」（具體內容參見《古人原來這樣過日子》中《古代結婚難嗎？》一篇）呢！

如此豐厚的嫁妝，婚後歸妻子私有嗎？傳統的倫理道德中，並不提倡女子有私產。《禮記．內則》就說：「子婦無私貨，無私蓄，無私器。」但是在現實中，丈夫一般不會動用妻子的奩產，即便萬不得已需要用奩產度過難關，也會徵求妻子的同意。宋代詞人葉夢得為了給妹妹籌辦嫁妝而向朋友借貸，他的妻子得知後，主動拿出奩產給丈夫用。丈夫寧可借錢，也不願動用妻子的奩產，一來說明奩產的實際支配權歸妻子所有；二來說明古代男子是比較「要臉」的。

如果妻子死了，奩產將歸給丈夫。《宋刑統》明確規定：「妻雖亡沒，所有資財及奴婢，妻家並不得追理。」而如果死的是丈夫，奩產如何處置呢？妻子若能為丈夫守節留在夫家，奩產連同丈夫的財產，都歸妻子所有，這實際上是鼓勵女子守節。那如果妻子改嫁或者回娘家歸宗呢？在《名公書判清明集》裡就有這樣一個判例：丈夫徐氏去世，妻子陳氏要帶走奩產，夫家不允，雙方鬧到了官府。官府認為：如果夫妻倆沒有子女，妻子在喪夫後帶走奩產是可以的，但他們已經有四個子女了，奩產就該分給子女，不能由妻子帶走。從這個判例可以看出，妻子是否能帶走奩產，取決於有無子女，這實際上是對子女的一種保護。

看到這裡，肯定會有朋友好奇：夫妻在一起生活久了，還能分清楚哪些是奩產嗎？還真能。古人結婚前，男女雙方會交換一份重要的文書——定帖，上面會寫明男女本人及各自家庭的詳細情況。女方的定帖上除了個人基本資料，還要寫清陪嫁奩產的種類和數量，這相當於做婚前財產公證。如果今後出現財產糾紛，就以當年的定帖作為奩產確認的依據。看來，古人早就知道婚前要留一手。

11 古人怕老婆嗎？

三綱五常是封建禮教的核心，也是古代家庭關係的規範準則。所謂三綱，即「君為臣綱，父為子綱，夫為妻綱」。按照三綱要求，丈夫在夫妻關係中處於絕對的主導地位，妻子只有服從聽命的份兒。然而，在古人的真實生活中，情況並非完全如此，古人也有怕老婆的現象，即今人常說的「妻管嚴」。

古人怕老婆被稱為「懼內」，俗稱「季常癖」或「季常之懼」，得名於宋人陳季常。陳季常是蘇軾的好朋友，喜好音律。陳季常的老婆柳氏是一個悍婦。一日，陳季常邀請蘇軾等一眾好友來家宴飲聽曲，賓主都唱到忘乎所以了。柳氏見狀很生氣，就用棍子在隔壁敲牆，暗示深夜了，宴會該結束了。陳季常被嚇得一哆嗦，腦袋嗡嗡作響，宴會瞬間曲終人散。蘇軾還為此特意寫了首詩調侃，詩云：「龍丘（陳季常的號）居士亦可憐，談空說有夜不眠。忽聞河東獅子吼，拄杖落手心茫然。」蘇軾將柳氏的彪悍比喻為「河東獅子吼」，相當於今天的「母老虎」一詞，後人遂用「河東獅吼」來形容悍妻。五百多年後，明代劇作家汪廷訥將此事改編成戲劇，名曰《獅吼記》。有一部由香港藝人古天樂和張柏芝主演的電影，名字就叫《河東獅吼》。陳季常因妻管嚴而「名垂青史」，也算得上是另類了。

《太平廣記》則記載過另一個故事：有一位名叫李廷璧的軍官，在外面喝了三天三夜的酒，老婆怒了，放出話來：等他回家我要宰了他！嚇得李廷璧只好向上司請假，躲到寺廟裡住了好幾天。

不光普通民眾怕老婆，萬人之上的皇帝也一樣，最怕老婆的皇帝當數隋文帝。獨孤皇后不允許他納嬪妃，只設置了一些低品秩的小妾。什麼後宮佳麗三千，在隋文帝這兒根本不存在，寵愛只能集於皇后一人。在後宮這方面，隋文帝是歷史上最憋屈的皇帝了，但他心態很好，不僅不生氣，還時常宣講一個老婆的好處——「五子同胞，無異生之子。」皇子們因此沒有嫡庶之分。

然而，再老實的貓也會偷腥。有一次，隋文帝沒忍住，臨幸了一位宮女。皇后大怒，趁他上朝時把這位宮女殺了。隋文帝得知後，氣得「離宮出走」。《隋書》記載：「上由是大怒，單騎從苑中而出，不由徑路，入山谷間二十餘里。」看來隋文帝是真的很委屈，不然也不會慌不擇路地跑到深山老林裡去。隋文帝一生南征北戰，一統天下，卻很怕老婆，可謂「見敵如虎，見妻如鼠」。

隋唐時期，受胡風影響，女性地位相對較高，屢見不鮮的懼內現象可以理解。然而，到了女性地位明顯下降的明清時期，懼內現象並未明顯減少，明清小說中就有大量的相關記載。在明末清初的小說《醒世姻緣傳》中，妻子薛素姐對丈夫的鞭打、罰跪不過是家常便飯，此外還有針刺、蚊咬、囚禁、畫符、詛咒等體罰，甚至還會「以箭相射」。其手段之殘忍，簡直比容嬤嬤還要猛。

在小說《紅樓夢》裡，王熙鳳的丈夫賈璉也是一個典型的「妻管嚴」。賈璉每次外出，王熙鳳總是囑咐隨從小廝嚴密監視，嚴防賈璉在外面拈花惹草。賈璉回來後，王熙鳳還要檢查行李，仔細搜尋是否有其他女人的可疑之物。書中另一位比王熙鳳更甚的女人是薛蟠的妻子夏金桂。憑著強硬的手段和心計，她硬是把薛蟠這個胡作非為的「呆霸王」給降服住了，足見其悍婦功力。

古人怕老婆的現象存在於各個歷史時期，遍布於各個階層。那麼，在男女地位不平等的古代，為什麼會出現如此多的懼內現象呢？清代小說《八洞天》的作者「筆練閣主人」提出了很通透的解釋。他認為，古人怕老婆無外乎三種原因——勢怕、理怕、情怕。

所謂勢怕，是因為妻子娘家的勢力大。中國古代婚姻有很強的社會屬性，婚姻不僅是男女雙方的個人行為，更是兩個家族的社會行為。女方的家族勢力、政治背景，直接導致懼內現象的出現。比如在《紅樓夢》裡，與其說賈璉怕王熙鳳，不如說是怕其背後的金陵王家。王熙鳳的叔叔王子騰，官至節度使，是四大家族裡少有的當朝實權派，是賈璉絕對不敢得罪的。

所謂理怕，是指妻子在理。這裡的理，可能是因為妻子在家族的發展和丈夫的事業方面有著巨大的貢獻，也可能是指丈夫之前有錯在先，有把柄被妻子攥在手裡，導致丈夫理虧，不敢造次。這個道理今天也說得通。比如丈夫出軌被老婆發現了，即便得到了原諒，今後在老婆面前也不敢多造次。因為丈夫有理虧之事，硬氣不起來了。當然，個別不知廉恥的丈夫除外。

所謂情怕，緣於感情的自然流露——愛妻之美，憐妻之少，惜妻之嬌。誰娶個嬌妻不珍惜呢？嬌妻生氣了，誰又不害怕呢？此生謙讓，並不是因為我怕妳，而是因為我真的愛妳。

12

古人真的會「寵妾滅妻」嗎？

近年播出的電視劇，有不少聚焦於宮鬥和宅鬥的主題。這些電視劇為了突出故事情節的衝突，常常會塑造一些驕橫跋扈的妾室形象，如《知否》中的林小娘和《甄嬛傳》裡的華妃，以至於「寵妾滅妻」成為一個熱門的話題詞語。那麼問題來了：古代真的存在「寵妾滅妻」這種現象嗎？

探討這一問題，首先要釐清妻和妾的區別。前面說過，中國古代的婚姻實行一夫一妻多妾制度，儘管妻和妾都是夫君的伴侶，但是二者的地位差距極大。簡單地說，妻和丈夫是平等的，是家中的女主人；妾則是奴僕，本質上是生育工具（詳細區別可參見《古人原來這樣過日子》中〈古代的婚姻制度（下）〉一篇）。妻妾之別猶如天地之差，不可僭越，絕不可妻妾失序。《唐律疏議．戶婚律》規定：「諸以妻為妾，以婢為妻者，徒三年。」宋朝承襲了唐律，貶妻為妾、以妾為妻，都要判處徒刑。明朝的《大明律》更狠，規定：「妻在，以妾為妻者，杖九十，並改正。若有妻更娶妻者，亦杖九十，離異。」要知道，直接打九十大板是能把人打個半死的。因此，即便是妻子去世了，丈夫也不可以將妾室扶正為妻。一日為妾，終生為妾，偏房永遠不可能上主位。當然，現實生活中也有少數將妾室扶正的現象，畢竟家裡的事，民不舉官不究。但這種事在法律上絕對得不到支持，社會輿論也會對此嗤之以鼻。

正是因為妻妾身分和地位差距懸殊，所以古代家庭關係中很少有「寵妾滅妻」的現象。恰恰相反，「寵妻滅妾」倒是很常見。在現存的古代文獻中，有不少關於妻子虐待妾婢的記載。

宋代洪邁所著的《夷堅志》一書，記載了大量宋代社會風俗和家庭生活故事，其中有不少就是關於妻妾衝突的內容，而且都是妻子虐待妾婢的情形。如〈蜀州女子〉一篇，妾室死後成鬼，其自述無比悽慘：「妾本漢州段家女，許適同郡唐氏。將嫁矣，而唐氏以吾家條貧，竟負元約。既不得復嫁，遂賣身為此州費錄曹妾。不幸以顏色見寵於主人，為主母生瘞於地下。」這位段氏女鬼，命運悲慘，早年婚約被毀，無奈賣身做小妾。因貌美被男主人寵愛，遭到正妻嫉妒，最後竟被活埋。

《宋人軼事滙編》中也有寵妻滅妾的記載。宋人周必大，官至宰相，其妾室因受寵而遭到妻子的嫉妒，被妻子用繩索拴在周家的庭院之中，曝曬於烈日之下。周必大是個「妻管嚴」，不敢上前制止，只能偷偷給愛妾弄點水喝，就這樣還受到了妻子的奚落和諷刺。

可能有的朋友會疑惑：妻子如此虐待妾室，如果弄死人了，不怕償命嗎？還真不怕。按照唐宋的法律規定，妻子殺死妾婢，頂多是判一年徒刑。倘若妻子能證明自己是失手誤殺，則只需賠錢了事。所以，現實生活中的小妾，每天得小心翼翼地活著，如果敢像林小娘那樣天天對著大娘子冷嘲熱諷，說不定哪天就被「失手」活埋了。

如果妾室生子了，可能會遭到妻子更強烈的嫉妒。前面講過，古代的嫡庶差距不大，嫡子和庶子有平等的財產繼承權。妾室之子將來會瓜分自己兒子的財產，這更讓妻子憎惡妾室。宋人郭彖在志怪小說《睽車志》中記錄了這樣一個故事：鹽官馬中行的妻子彪悍且忌妒心極強，家中一妾婢產子，孩子剛剛斷奶就被她沉塘溺死。這還不解恨，她又強迫妾婢喝下滾燙的粥，最後妾室因腸道燙傷而悲慘地死去。

由此可見，古代妻妾關係的常態是妻子壓制妾室，妾室是不敢跟妻子爭風吃醋的。但是在現實生活中，「寵妾滅妻」現象也並非完全沒有。這種情形的出現，要麼是妾室藉助丈夫的恩寵，要麼就是妻子太軟弱。《名公書判清明集》中就有這樣一個案例：黃定有一個美貌的侍妾桂童，因為生了個兒子而獲得男主人的寵愛，憑此和黃定正妻開始了「宅鬥」。有一次，妻妾衝突鬧到了男主人黃定那裡，結果黃定荷爾蒙發作，偏向侍妾，二話不說就將妻子毒打一頓，這是實實在在的「寵妾滅妻」。

但是，古人對這種寵妾滅妻的行為是堅決持否定態度的，古代律法會堅定地站在妻子一方，以維護社會的綱常倫理。上面說到的黃定「寵妾滅妻」一事，後來就鬧到了官府。官府審理後，判令黃定在限期內將侍妾桂童改嫁他人。至於桂童生的孩子，她是不能帶走的，需要請乳母撫養。

此外，古代社會輿論也不允許「寵妾滅妻」。在古人眼裡，這種行為是嚴重的「生活作風問題」，會被貼上「喪失理想信念」和「道德敗壞」的標籤，本人仕途會被毀掉，相當於社會性死亡。《知否》裡的男主人盛老爺，身分設定屬於士大夫階層，應該十分珍惜自己的名聲和仕途，所以在現實中，他是一定不會冒天下之大不韙而「寵妾滅妻」的。

13 古代嫡庶的差距大嗎？

很多人以為中國古代的婚姻制度是「一夫多妻制」，實際上，這種說法並不準確。正確的說法是「一夫一妻多妾制」。妻子只能有一個，剩下的都是妾，就連皇帝也不例外。妻和妾不僅地位差距極大，不可僭越，其生下的孩子也有嫡庶之別。

當下的一些文學和影視作品，把嫡庶之間的差距描述得非常大，甚至把這種差距作為故事情節的主要線索。受此影響，網路上還出現了捍衛嫡庶之別，認定嫡出一定高貴的「嫡庶神教」。然而實際上，古代的嫡庶差距並沒有那麼大。究其根源，在於中國古代奉行的是「從父法則」。

所謂從父法則，是指孩子的身分階層和社會地位取決於孩子的父親，而與母親無關。也就是說，你的父親是貴族，你出生就是貴族；你的父親是「賤民」，你生下來就是「賤民」。這裡的「賤民」並不是罵人的話，而是指古代最低的社會等級，低於士、農、工、商等階層。賤民的戶口為賤籍，他們不能參加科舉考試，受到各種政治歧視。古代以唱歌跳舞為業的優伶就屬於賤籍。這種賤籍是隨著父親的身分世代相傳的，只要父親是賤籍，其子孫後代永遠是賤籍。如果母親是賤籍，但被貴族收為妾室，那生下的孩子是隨父親為貴族的。比如康熙的第八子愛新覺羅．胤禩，其母是辛者庫（皇家的奴婢組織）奴婢，屬於賤民階層，但由於胤禩是皇帝的兒子，因此他被封親王，位列貴族行列。

古代的朝鮮王朝就奉行從母法則，孩子的身分地位取決於其生母。朝鮮王朝之所以這樣做，緣於一場王族內部的嫡庶之爭。太祖李成桂寵愛妾室康氏，將庶出的小兒子李芳碩立為世子（繼承人），這等於廢嫡立庶，引發了王后所生的嫡子李芳遠等人的不滿。最終，李芳碩等庶子被殺，李芳遠繼承王位，即朝鮮太宗。太宗繼位後，鑑於歷史教訓，規定了「賤者隨母」的從母法則，狠狠地打壓了庶出子女。因此在朝鮮王朝，嫡庶差距極大。一家之內，賤民母親生的庶子，要將嫡出的兄弟姊妹當作主人侍奉，地位如同家奴一般。與之相比，奉行從父法則的古代中國就沒有這種現象，嫡庶雙方都是親兄弟。

在中國古代的家庭關係中，子女無論嫡庶，在宗法上都是父親與正妻的兒女。妾室在本質上只是代孕工具和保姆奶媽，親生兒子也不能稱呼自己的生母為「媽」或「娘」。在《儒林外史》裡，嚴監生妾室所生的孩子只能稱呼正妻王氏為「娘」。由此可見，無論妾室的地位多麼卑賤，都不影響其所生的子女是「主子」和「千金」。

那是不是說古代就沒有嫡庶差距了呢？也不是。嫡庶差距會隨著階層和時代的不同而發生變化。

從階層上看，越是貴族，嫡庶差距就越明顯，因為貴族有爵位要繼承。古代中國實行宗法制，爵位一般由嫡長子繼承，庶子是沒有機會的。在一些彰顯家族身分的特殊場合，嫡子的地位也要比庶子高一些，例如，家族的祭祀活動一般就是由嫡子主持的。

從時代上看，嫡庶差距隨著時間的推移越來越小。先秦時期嫡庶差距較大，因為那時候有分封制，必須明確嫡庶順序。從漢朝到南北朝，士族勢力強大，他們重視血統純正，所以嫡庶差距依然不小。唐朝以後，士族衰落，血統和門第觀念變淡，嫡庶差距開始逐漸縮小，最後幾乎可以忽略不計了。

有的人可能會質疑：你說的不對，《紅樓夢》裡庶出的賈環，地位為什麼就比嫡出的賈寶玉差那麼多呢？是的，嫡庶雙方的地位在倫理與法律上沒有多大差距，但現實中由於存在血緣關係的遠近，情感上還是有親疏之別。只不過這種差距是主觀情感上的，而不是制度規定下來的。另外，賈環的不受待見，更主要是與他那猥瑣的性格和低下的品德有關。同樣是庶出的探春，在賈府的地位就絲毫不遜色於嫡出的子女。甚至在王熙鳳養病期間，探春還被委以管家重任，完全沒有因為庶出的身分而顯得地位卑微。

所以說，古代存在嫡庶差距，但並沒有影視劇中表現得那麼誇張。特別是在平民階層，想納妾都很難，哪裡還會有嫡庶差距呢？那些言必稱「嫡子」的人大可不必想太多，除非你家有皇位要繼承。話說回來，即便真有皇位要繼承，在清朝時期，嫡庶差距也沒有那麼重要了，例如，當了雍正皇帝的愛新覺羅·胤禛，就不是康熙的嫡子。

14 古人如何分財產？

如果想知道你在某個人心目中的地位，最俗氣卻又最有效的判斷方法，可能就是看這個人是否願意給你錢花。子女之於父母往往也是如此：諸多孩子中，受寵愛的往往能繼承更多的財產。那麼，古人是如何分財產的呢？嫡庶繼承的財產有差別嗎？女兒和私生子能繼承財產嗎？本篇我們就來詳細說說。

首先我們要弄清楚古人都能繼承什麼，通常有三樣東西：宗祧、爵位、財產。宗祧的原意是宗廟，後來指家族的祭祀權，象徵著宗族內的核心權力。爵位繼承的內容包括封地、爵位以及恩蔭（因祖輩有功而獲得的特殊待遇）的官職。宗祧和爵位的繼承通常採取嫡長子繼承制，這兩種繼承內容所涉及的家庭非常少，除非你家人是皇室或官宦貴族。因此，對大多數家庭來說，最重要的繼承內容還是財產。

很多人以為古代的嫡庶在財產繼承權上的差距很大，其實這是一個誤解。從漢代開始，古人在分配財產時就遵循「諸子平分」的原則。唐朝開元年間的《戶令》規定：「諸應分田宅及財物，兄弟均分。」所有的兒子，不分嫡庶，都能獲得等額的財產。如果某個兒子死得早，就由這一房的孫子繼承。

但在現實的繼承中，嫡子獲得的財產份額往往會多一些，這是因為他們分到了生母當年的嫁妝財產。《戶令》規定：「妻家所得之財，不在分限。」也就是說，妻子的嫁妝財產不能均分給所有兒子，而由她自行決定給誰，並且通常都會給自己的親生兒子，庶子連根針都分不到。庶子的生母是小妾，當年是買過來的，沒有嫁妝財產可言。即便平日裡積攢了一些，也和正妻的嫁妝比不了。康熙年間的狀元彭定求在分家產時，兩個嫡子各分到了兩百畝土地，三個庶子各分到了一百二十畝土地。嫡子多分到的土地，便是其母親帶過來的嫁妝。另外，族產也只能由嫡長子繼承。但這個財產是不能隨意買賣的，只能作為家族共有財產由下一代繼承。

古代重男輕女，女兒是不是什麼也分不到呢？這也是一個誤解。古代的女兒也有財產繼承權。南宋依《唐律》規定：「父母已亡，兒女分產，女合得男之半。」父母去世的時候，如果女兒尚未出嫁，她可以獲得兒子所獲財產份額的一半作為未來的嫁妝。如果女兒已經出嫁，就分不到什麼了，因為當年出嫁時已經置辦過嫁妝，不能再繼承財產了。

如果是沒有兒子的戶絕家庭，女兒可以繼承的財產份額就多了。未出嫁的女兒最多可以繼承全部財產，已出嫁的女兒可以繼承三分之一。為了保護女兒的繼承權，戶絕家庭一般會提前招個贅婿來支撐家門，防止死後被「吃絕戶」。

最後，我們再來說說私生子的財產繼承問題。古代的私生子又稱「別宅子」，是指男主人與外人通姦所生的孩子。注意，這裡的通姦對象指的是外人，如果是和家中的婢女發生私情，婢女所生的兒子屬於庶子範疇。古代的私生子也有財產繼承權。《大明令·戶令·子孫承繼》規定：「不問妻、妾、婢生，止依子數均分；姦生之子，依子數量與半分。」也就是說，私生子可以獲得婚生子份額減半的財產。這個規定照顧了私生子的基本人權，還挺人性化的。

以上所說的財產繼承原則，都是法定的繼承順序，也是一般家庭的繼承情況。還有一種情況可以打破這種順序，那便是遺囑繼承。在宋朝，隨著商業的發展和市民階層的壯大，私有財產權的觀念日益凸顯，人們在處理遺產分配的問題時，更加尊重個人的意願。《宋刑統》規定：「若亡人遺囑證驗分明，並依遺囑施行。」宋代的遺囑繼承，一般只限於戶絕家庭。非戶絕家庭，除非兒子有「生不養」等不孝行為，否則遺囑也不能剝奪其繼承權。法律之所以這樣規定，是防止男主人晚年老糊塗被妻子或小妾蒙騙，故意冷落某個兒子。

電視劇《知否》中，也表現了宋朝遺囑繼承的法律效力。顧廷燁的外祖父是揚州的一個大鹽商，非常富有。外祖父沒有兒子，去世後，白家宗族的侄子們要繼承他的遺產。但是，作為外孫的顧廷燁最終憑藉外祖父的書信遺囑繼承了全部遺產。當顧廷燁在葬禮上拿出這份書信遺囑時，受到了當地知州和鄉紳的認可。可見，《知否》的作者是做了一些歷史功課的。

15 古人是如何「吃絕戶」的？

在古代，沒有兒子的家庭在法律上稱為「戶絕」，俗稱「絕戶」。古人講：不孝有三，無後為大。在宗法制社會下，沒有兒子的後果是很嚴重的。不僅是家族宗嗣會傳承中斷，家庭財產也會被親戚「吃絕戶」。那麼到底什麼是「吃絕戶」？古人又是如何「吃絕戶」的？

所謂吃絕戶，就是指戶絕家庭男主人死後，宗族親戚們前來瓜分家庭財產，欺負孤兒（女兒）寡母。造成吃絕戶現象的社會根源主要有三。一是宗法制社會下，女兒被認為是「外姓人」。一個家庭如果沒有兒子，財產就沒人繼承了，就應該歸宗族共同所有，所以宗族親戚來瓜分，被認為是理所應當，是「肥水不流外人田」。二是女子柔弱，即便法律承認女兒有繼承權，女子也很難阻擋親戚的暴力搶奪。實際上，吃絕戶就是欺負絕戶家裡沒男人。三是吃絕戶惡習的盛行，也源於官府的不作為。明清時期，宗族勢力強大，官方的社會管理只能延伸到縣一級，鄉村主要靠宗族的族規維護，以至於明清時期有「政令不下鄉」

的說法。鄉村秩序由宗族維護，吃絕戶行為又被認為是維護宗族利益，所以官府和法律很難干涉。

古代吃絕戶具體有哪些方式呢？

最簡單粗暴的方式是直接搶奪。男主人一死，親戚們就會像蒼蠅一樣趕過來，八竿子打不著的親戚都會趁機來撈一筆。他們見什麼拿什麼，甚至連鍋碗瓢盆都不放過，那場面如同搬家一樣。面對親戚的搶奪，寡婦和女兒只能眼睜睜地看著，甚至有的被逼自殺。「秦淮八豔」之一的柳如是，就是因為丈夫去世後親戚搶奪財產而憤恨自殺的。

稍微文雅點的方式是吃流水席。男主人一死，親戚就會借弔唁之名逼迫事主家擺流水宴席。這種流水席會持續兩三個月，周圍的鄉親也會來湊熱鬧，把絕戶家當作免費大食堂，直到吃光全部財產。事主家不主動擺流水席也沒影響，鄉紳會幫著死者把家裡的田產變賣掉，用這筆錢來擺流水席。

最道貌岸然的吃絕戶方式，是為絕戶強行過繼一個兒子，讓過繼子來繼承財產。實際上，這也是變相的吃絕戶行為。這種方式，多見於死者的直系親屬間，比如兄弟。在絕戶者生前，兄弟就會把自己多的兒子過繼過去，讓他將來繼承叔叔的財產。絕戶者是不敢拒絕的，否則死後的下場會更慘。畢竟，有過繼子，還能延續家庭的存在，至少遺孀能由過繼子來贍養。

明清時期，吃絕戶現象普遍存在於各個社會階層，官宦人家也逃不過。小說《醒世姻緣傳》就記載這樣一個故事：晁夫人是官員的妻子，自己還被封了個「誥命夫人」。不曾想，丈夫剛死，兒子也死了，自己成了絕戶家庭的寡婦。很快，親戚們的「搬家公司」趕來了，家具和糧食統統被拿走，絲毫不顧及「誥命夫人」的名頭。家裡的傭人上前勸阻，還被親戚們毆打。最後，因為小妾懷有丈夫的遺腹子，有生男孩的可能，生男孩就不算絕戶了，所以晁家才暫時逃過一劫。

《紅樓夢》裡的林如海家也是典型的絕戶，所以他早早就將林黛玉送進賈府，就是希望女兒今後有賈家庇護，以免自己死後被吃絕戶。林如海死後，賈璉護送林黛玉回家料理後事，將財產全部轉移至賈府。實際上，林如海家最後是被賈家變相吃了絕戶的。這筆絕戶財吃了多少呢？《紅樓夢》第七十二回給了線索，賈璉在該回目中說了一句「再發個三二百萬財就好了」。這三二百萬兩的財，應該是指林如海的遺產，其購買力折合今天約十幾個億的人民幣。怪不得紅學家分析推測，賈府修建大觀園就是動用了林如海的遺產。

那麼，古代沒有兒子的家庭，是否有辦法防範被吃絕戶呢？有的，首先可以抱養個兒子。宋朝開始，抱養的兒子和親生兒子有一樣的繼承權。注意，這裡是抱養，而不是過繼。過繼子只能繼承財產的三分之一，其餘要上交國家。因此，對只有女兒而沒有兒子的絕戶家庭來說，防止被「吃絕戶」的最好辦法是為女兒招個贅婿。那麼，古人如何招贅婿呢？請看下一篇。

16 古代贅婿的處境如何？

所謂贅婿，就是上門女婿。與傳統婚姻模式中女方嫁入男方家生活相反，贅婿要「嫁」入女方家生活，也就是「入贅」，今人俗稱「倒插門」。《說文解字》中，「贅」解釋為「以物質錢」，意思是用物品抵押換錢。先秦時期，窮人家會將兒子賣與他人，稱其為「贅子」。「贅婿」一詞就是在此基礎上引申出來的，其實質如同奴婢，由此可見贅婿地位之低。

贅婿的歷史很悠久，在戰國末期就普遍存在了，特別是在秦國。秦國實行商鞅變法後，要求男孩長大了必須成家並分出去過，以此鼓勵生育。有些人的家庭比較貧困，娶不起媳婦，政府會鼓勵他們入贅到別人家。由於通常只有生活貧困的人才會入贅，因此贅婿容易被世人看不起。唐宋以後，中國社會逐漸世俗化，血統和門第的觀念淡化，世人對贅婿的態度才寬容了一些。一些士人和官員為了攀附權貴，甚至還樂於入贅豪門。例如大詩人李白，一生中兩次入贅，並且還都是宰相之家，但入贅後的李白並沒有以贅婿的身分為恥，反而活出了精彩的人生，這種放達的態度著實讓人佩服。

古代的入贅婚主要有兩種類型：一種是未婚女子娶贅婿，另一種是寡婦娶贅婿。

未婚女子娶贅婿是入贅婚的主要類型，原因是女方家沒有兒子，招贅婿是為了延續家族香火，更重要的是保護家庭財產。上一篇講過，在古代沒有兒子的家庭會成為「戶絕」家庭，俗稱「絕戶」，不僅香火中斷，還可能被親戚「吃絕戶」瓜分財產。但是，如果這家生有女兒，便可以透過招贅婿的方式來避免戶絕，女兒與贅婿所生的兒子就成為這個家庭的繼承者。

有兒子的家庭也可能招贅婿。有一些小戶人家，兒子年齡太小，招贅婿來承擔家庭勞動的重任，實際上是招來一個勞動力。還有一些權貴人家，因為溺愛女兒，不希望女兒外嫁，也會招贅婿入門，這種類型的贅婿相對比較少見。

古代還有寡婦娶贅婿的情況，古人稱之為「接腳夫」或「接腳婿」。年輕寡婦為了撫養子女和保全家產，往往會招一個贅婿進門，避免被吃絕戶。元雜劇《竇娥冤》裡，竇娥家就是絕戶，所以張驢兒父子賴在她家不走，也是變相吃絕戶。張驢兒的父親甚至還說「老漢自到蔡婆婆（竇娥的婆婆）家來，本望做個接腳」。

古代贅婿按服務期限的區別，分為養老女婿和年限女婿。養老女婿要終生生活在女方家，自己和兒女都要隨妻家姓，不能再用本姓。年限女婿則會在入贅時約定好期限，到期後，男方可回歸本家，稱為「歸宗」，但所生的孩子必須留在女方家。年限女婿有原始社會「服役婚」的性質，如果服務得好，歸宗時還能分得一筆財產。至於服務期限，根據可見的史料記載，最長的二十二年，最短的三年，大部分都是十年以上。

電視劇《贅婿》裡的贅婿人財雙收，是人生的贏家，但真實的古代贅婿並不會如此春風得意。

贅婿進門後，處處要看老丈人和妻子的臉色。妻子如果不想跟你同房，你只能睡在別處。想納妾？那更是做夢！入贅後，男子成了生育機器，目的就是傳宗接代。宋人戲稱贅婿為「布袋」，即「補代」的諧音，意思是用女婿來延續宗族。另一種解釋是贅婿就像一個鑽到布袋裡大氣不敢出的人，說明贅婿在妻家經常受氣。贅婿還要幹活，特別是小戶人家，贅婿是家中唯一的男性勞動力。贅婿的勞動強度，可參考《西遊記》裡高老莊的上門女婿豬八戒。

古代贅婿不僅在家裡受氣，國家法律也歧視他們。根據《睡虎地秦墓竹簡》記載，贅婿既不能錄入良民戶籍，也不能分得國家分配的土地，還不能做官，其子孫要到第三代以後才可以做官，並且戶籍上必須標明是贅婿的後代。古代贅婿還是國家「薅羊毛」的首選。漢武帝時大量徵發民眾戍邊，曾下達「七科讁戍」的詔令，即要求七種身分的人必須戍邊，首先是貪官，其次是逃犯，緊隨之後的就是贅婿。

古代贅婿的財產繼承權還受到限制。年限女婿期滿歸宗，頂多給點遣散費，無權繼承財產。養老女婿可以繼承財產，但很難繼承全部。首先有時間的要求，必須入贅滿三年才有繼承權。如果入贅的家庭有過繼子，贅婿一般和過繼子均分財產。如果入贅家庭有兒子或者養子，贅婿能分到的財產少之又少，甚至沒有。即便老丈人有遺囑讓贅婿多繼承，現實司法也不會支持。北宋就有類似案例。小舅子和贅婿之間發生了財產爭訟，贅婿拿出老丈人的生前遺囑，寫著贅婿可獲得七分財產，當時三歲的小舅子只能獲得三分財產。判官看了遺囑後，對贅婿說：「你老丈人是個聰明人，當時年幼的兒子在你手裡，如果分給他七成財產，可能早就被你害死了。」最後，贅婿只分得三分財產，而小舅子獲得了七分財產。

古代男子當贅婿，主要還是因為「窮」，不想努力又貪圖錢財和地位，所以選擇了「捷徑」。那麼，古代有沒有不是為了錢，只是單純地因為愛情而自願入贅的人呢？還真有！在清朝，河北新陽縣有個叫李生的男子，仰慕一位有才有德的女子，故而主動入贅女子家。可見，如果遇到了真愛，錢和權都得靠邊站。

百科篇

古代的房價高嗎？

17 古人如何抗疫？

二〇一九年末，一場突如其來的疫情極大地改變了我們的生活。在疫情持續的時間裡，人們的生活受到了巨大影響，連東京奧運會也因此延期。回顧歷史，如果疫情發生在古代，我們的先人會採取哪些對策呢？

最初，古人對疫情出現的原因沒有科學的認知，多將其歸結為「鬼神」作祟。比如《楚辭》中說：「伯強，大厲疫鬼也，所至傷人。」伯強是一種鬼，專門製造疫情。東漢《釋名》解釋：「疫，役也，言有鬼行役也。」這裡的「疫」通「役」。古人認為，突然有那麼多人染病死亡，是因為厲鬼在服徭役，服役內容就是取人性命。古人想像力也是真豐富，彷彿厲鬼也逃不過「打工人996」的命運。既然疫情是厲鬼所致，那麼抗疫就得驅鬼。因此，古人最早的抗疫措施便是搞驅鬼儀式，其代表為「大儺禮」。（編按：儺，音ㄋㄨㄛˊ，意指迎神賽會以樂舞驅逐疫鬼。）

大儺禮，又稱驅儺、儺儀，在周代就已經出現了。東漢的大儺禮較為隆重，具有皇家禮儀的性質，根據《後漢書．禮儀志》記載，大儺禮在臘月的前一天於皇宮的廣場上舉行。領頭的男巫被稱為「方相氏」，他頭戴鑄有「黃金四目」的面具，身披熊皮，黑衣紅裙，一手執戈，一手執盾，看起來凶神惡煞。緊隨其後的是一百二十名小男巫，稱為「侲僮」，都是十一二歲的少年。這些侲僮頭裹紅頭巾，手執長柄搖鼓，跟隨著「方相氏」驅鬼。另外，還要有十二人扮演神獸，他們穿著綴有毛和角的服飾。（編按：侲，音ㄓㄣˋ，侲子意指漢代在驅逐疫鬼儀式中，選來逐疫的童子。）

天黑時刻，皇帝駕臨儀式現場，侍旨高聲喝唱：「侲子備，請逐疫。」儀式隨即正式開始。先是大合唱，太監領唱，侲子

▲ 東漢崖墓陶方相氏俑（藏於中國四川博物院）

和聲；隨後，方相氏與十二神獸舞蹈、呼喊。他們邊跳邊喊地在宮中搜尋三遍，象徵搜鬼，最後持火炬將疫鬼逐出端門。

漢代民間也有儺儀，雖然沒有宮廷儀式莊重和氣派，但其戴假面、跳祭舞、驅鬼的形式和宮廷儀式大體一致。

唐宋時期，隨著市民生活的世俗化，儺儀逐漸演化成一種辭舊迎新的新年慶祝儀式。人們走上街頭玩起了角色扮演，裝扮成將軍、門神、判官、鍾馗、小妹、土地爺、灶神等形象，敲鑼打鼓，載歌載舞，場面很是歡樂。唐代詩人姚合就在詩中寫過新年的儺儀習俗：「燭盡年還別，雞鳴老更新。儺聲方去疫，酒色已迎春。」

時至今日，儺儀不僅在中國境內廣泛流傳，在越南、日本、朝鮮半島等東亞文化圈也屢見不鮮。像較為著名的「潮汕英歌舞」和「日本阿波舞」，皆是中國古代儺儀的形式流變，其本質都是一種驅鬼儀式。

除了驅鬼抗疫外，古人還會借疫情敲打統治者。古人相信天人感應，認為災害的出現是上天對人間失德的懲罰，其主要責任在皇帝。因此，當出現疫災時，皇帝會頒布「罪己詔」做自我反省，還會命令官員減少吃喝享樂，以此向上天懺悔。這種做法雖然不能直接抗疫，但能督促統治者檢討執政過失，也有一定的積極作用。

古人抗疫，並非都依靠信仰。在數千年的抗疫史中，古人也探索出了許多科學的抗疫措施，這些措施在今天看來也不落後。

其一，隔離病患。古人很早就意識到了疫病的傳染性，認為「疫氣」能夠人傳人，所以很早就有隔離的防疫措施。公元二年，漢朝爆發疫情，漢平帝隨即下詔：「民疾疫者，舍空邸第，為置醫藥。」由政府出面，利用空房屋隔離病患並提供醫藥，這可算是歷史上最早的「方艙醫院」了。

其二，國家主導醫療救治。北宋疫病流行時，政府都會公示醫方、派遣醫官和發放藥物，相當於國家頒布診療方案，並免費提供救治。宋仁宗為了控制流行病，不顧侍從的勸阻，將自己用的珍貴藥物「通天犀」打碎並碾成粉末，分發給百姓以救民疫。清順治十一年（一六五四年），朝廷在京城景山東門外蓋了三間藥房，以備瘟疫流行時由太醫院醫官為百姓發放藥物。但古代並沒有針對疫病的有效治療藥物，病人多是靠自身的免疫力扛。中國古代倒是有一些預防疫病的「黑科技」，比如人痘接種術，就是讓人感染病毒弱的天花，從此實現對天花的終生免疫。這種技術，可謂是古代的病毒疫苗。

其三，國家還曾賑濟災民。疫病流行時，生產會受到嚴重影響，災民吃飯都成問題。對此，古代政府一般會減免徭役賦稅，賜發錢糧，正所謂「噓寒問暖不如打筆巨款」。例如，漢宣帝曾下詔對災區實行免稅，宋寧宗從內庫中拿出十萬貫給首都災民作為喪葬費，明朝萬曆皇帝還發放日常生活補助給災區。

山川無異，時空兩邊。儘管古代醫學技術不如今天發達，但古人的抗疫措施並不差，而且頗具文明性。中華文明之所以延續至今，並非對皇帝和英雄的崇拜，而是幾千年來對民生的尊重。

18 古人如何照明？

想必大家都聽過匡衡「鑿壁借光」的故事。西漢丞相匡衡，小時候家窮，晚上想讀書又點不起蠟燭，只能鑿穿牆壁借助鄰居家的燭光來讀書。小時候讀這個故事的時候，王老師就很好奇：難道古人連蠟燭也點不起嗎？這一篇，我們就來介紹一下古代的照明方式，看看蠟燭到底貴不貴。

古人最早的人工照明方式是篝火照明。原始人學會用火後，就在居住的山洞口點燃一堆篝火，不僅可以烤熟食物、驅趕野獸，也達到照明的作用。從此，原始人有了最初的夜生活，晚上也敢出去方便了。進入農耕社會後，人類蓋起了房屋，篝火也被搬進了屋內，演變成火塘。中國陝西半坡遺址中，很多房屋的中間都有火塘遺跡。上萬年的歷史長河中，火塘不僅照亮了現實的世界，也形成了獨特的火塘文化。火塘被看得很神聖，火塘裡的火越旺，就代表家族越興盛。古人不能向火塘裡吐口水或扔垃圾，也不能腳踩火塘，長輩還要坐在火塘的上方位，這都是對火塘的尊重。今天，中國雲貴高原的一些少數民族家庭還在使用火塘，這並不是沒有電，而是很難割捨這種文化。

火塘照明有種種不便之處，比如無法實現多個房間照明，夏天用還特別熱。另外，火塘容易引起火災，尤其是在房屋密集的城市。因此隨著社會的發展，小巧靈便的照明工具出現了，這就是油燈和蠟燭。

油燈是透過燃燒油脂和燈芯來照明的燈具，早在商朝就出現了。一九七五年出土的商代盂形陶燈，是目前可見的最早油燈。古代最著名的油燈是漢代的長信宮燈，其照片被選入中國中學歷史教科書。這盞油燈為銅製，造型是一名宮女手持宮燈。燈罩可以左右開閉，用來調節燈光的亮度。宮女的右手上舉，右臂中空為煙道。油脂燃燒後的黑煙可通過煙道進入油燈腹內，乾淨衛生。

▲ 長信宮燈（藏於中國河北博物院）

唐宋時期，價格低廉的陶瓷油燈開始普及，樣式眾多。比如可調節亮度的「多管燈」，燈口有五個小細管，每個細管中有一個燈芯，都通到油燈中央的儲油區。使用者根據照明的需要，可以任意點燃一個或多個燈芯以調節亮度。還有「計時燈」，油燈的內部器壁上刻有均勻的水平線，使用者可以透過查看燈油的燃燒量來估算可燃燒的時間。

古代的燈油有植物油脂和動物油脂兩種，前者使用較多。最上等的燈油是芝麻油，燃燒時無味且少煙，非常潔淨。可是芝麻燈油的價格較高，一般老百姓用不起。民間最常用的是桐油，即油桐樹果榨的油，但桐油燃燒時產生的黑煙較多，容易把室內物品燻黑。宋人莊綽在《雞肋編》裡就提到過桐油的這個弊端：「煙濃汙物，畫像之類尤畏之，沾衣不可洗，以冬瓜滌之乃可去。」

古代的動物燈油多用魚油。在宋代海外地理著作《諸蕃志》中，提到了用「大魚」油脂做燈油的事例。這大魚有多大呢？記載說「身長十餘丈」，換算到今天有二三十公尺長，推測應該是鯨魚。古代歐洲人就大量捕殺鯨魚煉製燈油，他們在發現南極洲後，還大量捕殺企鵝煉燈油。

中國古代還有一種特殊的燈油，那就是人油。史書記載，董卓死後，人們在他肚臍眼插上燈芯點起了油燈。因為董卓肥胖，油燈點了三天三夜。這就是古代的酷刑「點天燈」

的原型。

說完了油燈，我們再來說說蠟燭。古代的蠟燭分為黃蠟和白蠟兩大類。黃蠟用蜜蜂的分泌物製作，顏色發黃；白蠟用白蠟蟲的分泌物製作，顏色發白。白蠟的熔點較高，燃燒後的燭液不易下淋，品質勝於黃蠟，價格自然也更高。所以，古代用白蠟的多是有錢人家。那具體的價格是多少呢？接下來我們就來算一算。

元代的《庶齋老學叢談》記載：「每夜提瓶沽油四五文，藏於青布褙袖中歸，燃燈讀書。」可以得知，元代人每晚的燈油費用需四五文錢，大約合

▲ 人形青銅燈（藏於中國國家博物館）

今天的人民幣五塊錢。相比之下，蠟燭就要昂貴得多了。根據《宋會要輯稿》記載，官用蠟燭的價格是每條四百文，差不多今天的人民幣三四百元。民用蠟燭的價格稍微便宜些，一支至少也要二十文。按照一晚點兩支算，古人每天點蠟燭的費用超過今天的人民幣五十元。由此可知，匡衡的鄰居的確挺富裕。西晉的巨富石崇，用燒蠟燭做飯的方式來炫耀自

己的富有。的確，那燒的不是蠟燭，而是錢。

古代蠟燭太貴，一般人家用不起。即便是相對便宜的燈油，古人使用時也非常節省，甚至還發明了一種「省油燈」。今天，人們在形容某人愛惹是生非時，常會說他不是一個「省油燈」，在古代還真有其物。這種省油燈的儲油區外層有個空心夾層，夾層上方的小口可注入冷水，從而給燈油降溫，以減緩燈油的消耗速度。古人還有一個常見的省油辦法，就是不去挑燈芯，而是讓燈油慢慢燃燒，因此還形成了一個歇後語：不撥燈不添油——省心（芯）。

看來在古代，「挑燈夜讀」不只是學習刻苦的表現，更是一種故意低調的炫富了。

▲ 邛窯綠釉瓷省油燈（藏於中國邛崍市博物館）

19 古代的房價高嗎？

中國時下的年輕人，幾乎都在為房子奮鬥。如果以每個月存人民幣五千元的速度來計算，現在（二〇二一年）想在深圳買一套像樣的三房的房子，需要從清朝就開始存錢了。古人也有如此大的買房壓力嗎？我們今天就來聊聊古代的房價。

由已知的史料來看，漢朝的房子簡直是「白菜價」。《居延漢簡釋文合校》記載了兩處房價：公乘徐宗家「宅一區直（值）三千」；公乘禮忠家「宅一區萬」。這裡的「公乘」指的是貴族後裔，居延在當時是個四線小城。也就是說，兩個官二代的房子價格分別是三千錢和一萬錢。《九章算術》記載，漢朝一個「打工人」的年收入為「一歲價錢二千五百」。這樣算下來，在漢朝小城市，一兩年的薪資就夠買一間房了。漢朝大城市的房價略貴一些，像當時的新一線城市漢中，房價數萬錢，打工十年也夠買一間房子了。

為什麼漢朝的房價這麼便宜呢？一是漢朝人口相對較少，人口與土地資源不均的情況沒有那麼大，房子足夠住。二是漢朝實行授田制度，國家免費分配土地給民眾，其中就包括宅基地。所以，漢朝人都有土地蓋房子，房價只是建築費和材料費。對比當下，房價高的主要原因是地價高。三是漢朝政府限制房屋買賣，如規定「欲益買宅，不比其宅，勿許」，意思是說買房子只能買鄰居的房子。這一規定的本意是限制民眾流動，但客觀上也限制了炒房行為。

到了唐朝，房價就不那麼友善了，特別是盛唐以後的大城市。韓愈在〈示兒〉一詩中寫道：「始我來京師，止攜一束書。辛勤三十年，以有此屋廬。」韓愈官至吏部侍郎，相當於今天中國中央組織部的副部長（編按：或類似台灣的銓敘部次長），死後被追贈為禮部尚書。一個朝廷高官，在首都買房子居然要用三十年。這個故事的「傷害性不大，但侮辱性極強」。如果韓愈此言不虛，不僅說明唐朝首都的房價高，也說明韓愈是個清官。唐朝房價之所以高，一是因為國家不再授田給民眾，沒有「國家分房」政策了；二是隨著唐朝社會發展和人口增加，人員流動性增大，人們對房屋的購買需求增強。

如果說哪個朝代的房價堪比今日之中國，那一定非宋朝莫屬。北宋經濟繁榮，人口劇增，城市高度發達。北宋都城汴京的發達程度，完全碾壓唐朝的長安。據宋史專家包偉民估算，北宋後期汴梁市區的人口密度約為一點二萬至一點三萬人每平方公里，今天北京市區的人口密度也才一點四萬人每平方公里。由於大量人口湧入城市，北宋的城市住房十分緊張，《清異錄》記載了一戶低收入家庭的居住情況：「四鄰局塞，則半空架版，疊垛箱筥，分寢兒女。」意思是說：四戶人家侷促地擠在一個院，兒女們沒地方睡覺，只好在半空中架起木板，還把箱子疊拼起來當床用。這真有點今日在北京蝸居的感覺。

住房如此緊張，房價自然也是居高不下。汴京一間房子的價格都在千貫以上，按照購買力換算，合今天人民幣上百萬元。注意，這只是一間房的價格，宋朝百姓一家通常有兩三間房。北宋末年，房價更是高得驚人。蘇轍晚年（宋徽宗年間）在汴京買了一所普通住宅，花了九千四百貫。中國學者程民生在《宋代物價研究》中記載了當時「打工人」的收入：汴京的飯館酒肆的雜役，一天的工錢差不多是二百文，街頭商販一天的平均收入也在二百文上下。照此標準計算，一個「打工人」至少需要一百二十八年不吃不喝，才能存錢買得起蘇轍那套住宅。這還是普通住宅，如果是豪華大宅，價格高達數十萬貫。即便官至宰相，若想憑薪資買大宅，也要窮其一生。一千多年前的宋朝，其房價水準和今天的中國如此相似。

到了明朝，房價大幅回落。明朝開啟了中國貨幣史上的白銀時代，銀子成為主要流通貨幣，房價皆按銀兩計算。在小說《金瓶梅》中，潘金蓮和武大郎在縣衙門前的核心地段買了一棟房子，四間兩層，還有兩個院子，花了十幾兩。中國學者張傳璽在《中國歷代契約會編考釋》中提到：崇禎十三年，北京正陽門大街的一座小型四合院，兩間南房、兩間北房、一間廂房，賣價只要三十三兩。明朝戚繼光軍隊的軍餉是每天三分銀，一年收入約十兩銀子。這樣算下來，三四年的軍餉就可在北京買一間房子了。

清朝房價穩中上漲。根據中國學者鄧亦兵計算：乾隆年間，北京內城一間住房的均價約是三十三兩銀子。《紅樓夢》裡，襲人的月例銀是二兩多。這樣算下來，襲人一年多的收入就可以在北京二環買一間小戶型了。怪不得她情願給賈寶玉做通房大丫鬟，衝這收入也夠了。與今天不同，清朝北京外城的房價要高於內城。因為內城房屋價格受政府調控，不允許過高，而外城房價則由市場決定。

20 古人租房嗎？

前一篇我們說了古代的房價。在房價較高的時代，古人也買不起房子。那麼，他們會租房子住嗎？古人租賃房屋有什麼規矩嗎？

租房現象自古就有之，古代稱為「賃屋」或「僦居」。「僦（ㄐㄧㄡˋ）」在古漢語中是租賃的意思。唐朝之前，租房現象較少，因為城市人口流動較小，頂多是官員和商人租住旅館，多為臨時性、短期性租賃。從唐朝開始，租房現象明顯增多。論其原因，有如下三點：首先，城市經濟繁榮，吸引大量人口遷入，更多人搬到城市居住，甚至包括外國商人；其次，科舉制盛行，讀書人湧入都城參加科舉考試，考中後還要到各地做官，加大了人口流動性；最後，授田制在唐朝退出歷史舞臺，國家不再分配宅基地了。這就像中國二十世紀九十年代的住房制度改革，國家不再分配住房，城市職工要麼買房，要麼就租房。

宋朝的租房現象更加普遍，主要是因為人多和房子貴。自太平興國五年（九八〇年）至大觀三年（一一〇九年）的一百二十九年間，宋朝的戶籍數量由六百四十二萬戶增加到二千零八十八萬戶，人口總數超過一億。宋朝政府還實行「不抑兼併」的土地政策，農村土地大多流轉到地主手中，導致許多農民無法在農村謀生。但是宋朝的城市經濟很發達，創造了大量的就業機會，吸引著農民進城務工。這些農民買不起房，只能選擇租房住，因此宋朝的城市裡幾乎是全民租房。《水滸傳》裡，不僅賣炊餅的武大郎租房，連提轄魯達和押司宋江也租房。南宋朱熹也說：「祖宗朝（北宋），百官都無居住，雖宰執亦是賃屋。」

宋朝租房的具體程序是怎樣的呢？

首先，你需要打聽房源。可以在街頭向大媽打聽，也可以看租房廣告。宋朝的租房廣告稱為「賃貼」，貼在待出租房屋的牆上。特別是科舉考試之前的日子，賃貼滿天飛，像極了中國現今的高考畢業季前夕，重點高中附近的民房招租火熱的情形。除此之外，你還可以向房產中介——時稱「莊宅行人」，俗稱「房牙子」——打聽房源，他們掌握著大量的租房資訊。

其次，打聽完房源後，下一步你就得去看房了，如果滿意就可以簽約。宋朝租房簽約，必須透過房產中介。只有中介作保的契約，才能得到官方的認可，這樣做可有效減少租賃雙方的潛在糾紛。房牙子也不是免費作保，在租賃成交後，他們會收取一定的佣金。

最後，簽約後，租客就可以付租金並搬家了。宋朝的房租稱為「掠房錢」，一般是按月支付。關於房租起租時間的問題，宋朝政府還有一個很人性化的規定：房東交房後，要從第六日才能開始算租金，前五日免租金，用於租客搬家、打掃之用。宋朝政府還頒布了諸多律法來規範租房市場，比如不得轉租，不得因賣房而中途停租，租房者對損壞的房屋要負責修繕等。

那宋朝的房租貴嗎？在高昂的房價之下，房租自然不會低。當時中下級軍官租房的月租金大約是五貫，折合今天約人民幣五千元左右。大面積的豪宅，租金更是天價。宋仁宗時，節度使李用和生病，皇帝親自看望撫卹，並報銷了他的房租錢，「日給官舍僦錢五千」。一天五千錢，一個月就是一百五十貫，差不多折合今天的人民幣十五萬元。這個房租水準，跟現今北京和上海比，也絲毫不遜色。

房租這麼高，老百姓租不起房子怎麼辦？別急，宋朝政府還有廉價的公租房。政府掌握大量的公有房屋，會將其低價租給民眾。宋朝政府設有一個專門管理公租房的機構，叫做「店宅務」，相當於中國今天的房管局（**編按：或類似台灣的國宅處**）。宋真宗時期，汴京店宅務掌握房屋二萬三千三百間，每年收取租金十四萬零九十三貫。平均下來，每間房的月租大約是五百文，相當於當時「打工人」三天的收入。

宋朝政府還有許多住房保障政策，使民眾居有其所。比如，民眾長期租住公租房，官方不可漲租金。宋真宗還特意為此下詔：「如聞店宅務將人戶久賃屋增僦錢，但成勞擾，速罷之。」在自然災害或重大節慶之時，政府還會下令減免房租。如至和元年二月乙未朔（一〇五四年三月十二日），宋仁宗下詔：「天下州縣自今遇大雨雪，委長吏詳酌放官私房錢三日。」再如嘉祐五年五月乙未（一〇六〇年六月八日），宋仁宗下詔：「京城疾疫，其蠲官私房錢十日。」疫情期間減免房租的政策，在近一千年前的宋朝就有了。

判斷一個社會的文明程度，不僅要看高收入者享受的條件，更要看弱勢群體生活的保障。從住房保障這一點來看，宋朝並不輸近代文明。

21 古人如何打廣告？

廣告在當今社會隨處可見，無孔不入。就在王老師打開電腦準備寫這篇文章的半分鐘時間裡，已經關掉了三個彈出式廣告。很多人以為廣告是現代特有的商業宣傳行為，直到工業社會後才出現。實際上，中國古代就已經有廣告了，而且也是隨處可見。

中國學者楊海軍在《中國古代商業廣告史》一書中，認為古代廣告傳播媒介分為六種：聲響、幌子、詩歌、楹聯、招牌、印刷品，並以此將古代廣告劃分為六種類型。王老師以為，廣告的作用在於宣傳商品，因此還可以根據傳播範圍與效果劃分為三種類型：門前標誌廣告、聲響推銷廣告、遠程宣傳廣告。接下來，就為大家分別介紹一下古人是如何打廣告的。

門前標誌廣告，是指在店鋪門前做相關裝飾，一來吸引大家的注意力，二來宣傳商品服務。宋代酒樓的門前會搭建高大的綵樓歡門，遠遠望去，就能看得出這是一家高檔酒樓。酒樓一般還會在門口或屋頂插一根杆子，上懸旗幟，稱為「望子」、「酒旗」或「幌子」。旗幟上面會寫店名或主打商品名，達到廣告的功效。如在《水滸傳》裡，快活林酒店門口的望子上寫著「河陽風月」的酒名，景陽岡酒店門口的望子上則寫著「三碗不過岡」的廣告語。

門前標誌廣告還會在門口的牌匾和楹聯上做文章。比如店鋪牌匾會請名家題寫，以提高知名度。宋江題反詩所在的潯陽樓飯店，牌匾上的「潯陽樓」三字就是大文豪蘇軾題寫。楹聯上也會寫有比較詩意的廣告語，如快活林酒店的楹聯是「醉裡乾坤大，壺中日月長」，潯陽樓寫的則是「世間無比酒，天下有名樓」。另外，高檔酒樓還會在門口立燈箱廣告，稱為「梔子燈」。燈箱外立面是酒樓名稱或廣告語，燈箱內部可點燈，這樣夜晚也能清晰看到。

門前標誌廣告的宣傳範圍較小，一般只有過往客人和周圍住戶能看到。為了吸引更多人的注意，古代還有聲響推銷廣告，說白了就是吆喝。《夢粱錄》記載南宋都城臨安「沿門唱賣聲，滿街不絕」。

▲ 古代考場附近的店鋪廣告（出自徐揚《姑蘇繁華圖》）

這種吆喝廣告今天也常見，比如我們童年經常聽到的「磨剪子來，戧菜刀」。

不同於現在電子音響錄音循環播放，古代的聲響推銷廣告全靠人工。宋代的聲響推銷廣告不僅有人聲吆喝，還配有打擊樂器，叫做吟唱廣告，其節奏明快，詞語押韻，內容很洗腦，很有說唱音樂的味道，有非常好的廣告效果。明代馮夢龍在《警世通言》中記載了一則吟唱廣告的內容：「本京瓜子，一分一桶。高郵鴨蛋，半分一個。」清代筆記中還記載了一個賣鐵蠶豆的吟唱廣告內容：「鐵蠶豆，大把抓，娶了媳婦不要媽。」古代聲響推銷廣告配合的樂器也多種多樣。根據《燕市負販瑣記》記載，清代算卦廣告就配合了三種樂器——「有吹橫笛子者，有打咯達鑼者，有打堂鼓者。」在古代當小販，如果不懂點說唱藝術，你都不好意思吆喝。

前幾年，中國街頭出現過很多拍賣錢包的店鋪，門口擴音喇叭循環播放「浙江溫州江南皮革廠倒閉了」的廣告語。從效果上看，這種廣告屬於「賣慘型」，古代也有類似的廣告。據《雞肋篇》記載，宋哲宗時，汴京有個賣餅的小販，沿街吆喝廣告語「虧便虧我也」（虧死我了），吸引了許多「好奇寶寶」來一探究竟，餅賣得自然就快。有一次，他路過皇宮牆外，恰巧這牆裡住的是被廢掉的孟皇后。這哥們兒也是夠倒楣的，依舊吆喝那句「虧便虧我也」。宮內侍衛以為這人是在為廢皇后叫屈鳴不平，分明是喊「反動口號」。於是，這哥們兒被抓了起來審問，最後還挨了杖刑。挨揍後，這哥們兒又策畫了第二季廣告語，一瘸一拐地吆喝「待我放下歇則個」，意思是「讓我放下擔子歇一歇」。為什麼要歇一歇呢？言下之意其實是：「我被打慘了，大夥可憐可憐我，多買幾個餅吧！」結果又吸引了一大撥人，簡直就是個廣告奇才！

最後說一下古代的遠程宣傳廣告。古代沒有廣播和電視，遠程宣傳廣告主要以詩歌和印刷品的形式傳播。詩歌廣告多是文人自發為喜歡的商品或旅遊景點寫詩，流傳後便發揮了廣告的作用。李白的「蘭陵美酒鬱金香」，使蘭陵美酒聲名遠播。并州剪刀鋒快爽利，宋朝詩人們常用它比喻決斷爽快，如周邦彥的「并刀如水」、陸游的「詩情也似并刀快」等，伴隨詩句的流傳，并州剪刀也名揚天下。蘇軾還非常喜歡為朋友或窮苦人寫詩推廣商品，可謂史上最早的廣告文寫手。

古代也有印刷品廣告，多見於出版行業。宋元時期刻印圖書，常在書後印一牌記，記錄刊印者姓名、刻印時間、刻坊堂號與地址等。這既有現代圖書版權頁的雛形，也有圖書廣告的性質。

古代最著名的印刷品廣告案例，是宋朝濟南一家針鋪的廣告，其印刷銅版現藏於中國國家博物館。該銅版上方雕刻著店鋪名稱「濟南劉家功夫針鋪」，中間有「白兔搗藥」的

▲ 中國濟南劉家功夫針鋪的廣告

圖案，類似今天的商標。下方寫有「收買上等鋼條，造功夫細針」等宣傳語。另外還有「轉賣與販，別有加饒」一句，是說商販前來批發還有優惠，「加饒」就是打折的意思。最讓人有感的是，這則廣告還有一句提示詞：「認門前白兔兒為記」，告訴你找店鋪時別找錯了，認準門前的白兔標記。是不是很有穿越感？

22 古人打麻將嗎？

麻將是風靡大江南北的一種棋牌類遊戲。看過香港TVB電視劇《醉打金枝》的朋友，一定會對裡面打麻將的情節印象深刻。在電視劇裡，唐朝公主也熱衷於打麻將，時稱「打馬吊」。這樣算下來，麻將在中國至少有一千三四百年的歷史了。事實果真如此嗎？在這一篇裡，我們就來探尋一下麻將的前世今生。

古代將賭輸贏、角勝負的遊戲稱為「博戲」。中國最早的博戲是「六博」，先秦時便已流行。孔子曾經說過這麼一句：「飽食終日，無所用心，難矣哉！不有博弈者乎？為之，猶賢乎已。」意思是整天吃飽了沒事幹，也挺煩悶的。幸好還有六博和圍棋，玩玩也比閒著強啊！看來，老夫子並不是每天都在「之乎者也」，偶爾也玩六博放鬆放鬆。

六博的對陣雙方各有六枚棋子，在一張方形棋盤上行棋。棋盤有棋路，中間橫一空間為水，放置魚棋兩枚。遊戲時，雙方輪流擲采，擲骰子決定行棋的步數。棋到棋盤中間水處則能吃掉對方的「魚」，並獲得棋子，以此判斷勝負情況。六博有點像今天「大富翁」

之類的遊戲，和麻將的形制還差很遠。

麻將的鼻祖是唐朝的葉子戲，一種紙牌類的博戲，葉子本身是一種紙片。古人看書時為方便查找，往往會在葉子上寫出備檢的要目，置於書中，類似今天的書籤。也許是看書看累了，古人就在「書籤」上畫圖案，發明了葉子戲。

葉子戲有四十張牌，分四種花色。葉子戲的具體玩法已經失傳，但根據古書畫的記載，應該類似今天的撲克牌，但需要用到骰子。葉子戲在唐朝很流行，公主甚至能玩個通宵。《杜陽雜編》記載：「（同昌公主）好為葉子戲，夜則公主以紅琉璃盤盛夜光珠，令僧祁捧立堂中，而光明如晝焉。」晚上為了玩葉子戲，令僧人捧著夜明珠照明，像不像整宿打麻將的富太太？電視劇《醉打金枝》中，公主打麻將的情節可能以此為原型。

到了宋朝，葉子戲更加流行。南宋《西湖老人繁勝錄》記載當時有專門賣葉子牌的行市。宋朝的雜耍表演中，還有江湖藝人將猴子訓練成為「鬥葉猢猻」，為觀眾表演葉子戲。但宋人在玩葉子戲的過程中，發現紙牌很容易磨損，而且野外玩牌時紙牌容易被風吹走，故在葉子戲的基礎上發明了骨牌，用獸骨製作棋牌。因為是在宋徽宗宣和年間發明的，所以這種棋牌又稱宣和牌。宣和牌已經具有了今天麻將的材料形制，但具體玩法和麻將仍有所不同，倒是和今天的牌九相近。

葉子戲發展到明朝形成馬吊牌，是今天麻將的前身。打馬吊牌有莊家、閒家之分，玩家輪流坐莊。三個閒家合力攻擊莊家，使之下莊。根據胡適考證，馬吊牌三人對一人，像馬站立時吊腳一樣，所以稱為「馬吊」。馬腳後來變音為麻雀，麻雀又變音為麻將，所以馬吊是麻將的前身。馬吊牌有四種花色——萬貫、貫、文錢、索，皆與籌碼相關。索是穿錢的繩子，文錢是一枚銅錢，貫是一串銅錢，萬貫就是一萬貫銅錢。馬吊共有四十張牌，四個打牌者各取牌八張，剩餘八張放在牌桌中間，玩家輪流取牌、出牌，這種玩法和今天麻將很接近了。

清初，在馬吊牌的基礎上又衍生出了默和牌。牌面只留三種花色——萬貫、文錢、索子，就是今天麻將的萬、餅、條。每張花色一到九

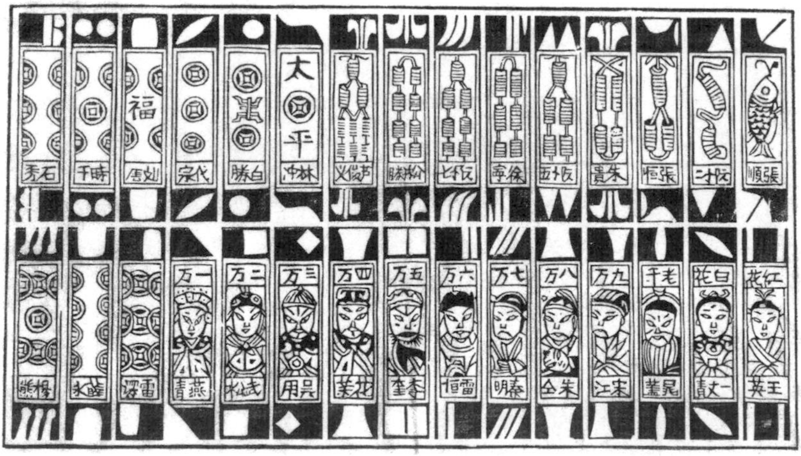

▲ 山東省濰坊市楊家埠的水滸紙牌

各四張牌，另加入各種配牌，總共一百二十張。默和牌的花色與今天的麻將幾乎一致，只是萬字牌上面畫的是水滸人物。今天，中國山東和東北地區依然有這種紙牌遊戲，名曰「水滸紙牌」，王老師小時候就見過老人玩這種紙牌。

現代意義上的麻將出現在清末，誕生地普遍被認為是浙江寧波。相傳，同治年間的官員陳魚門，在寧波馬吊牌的基礎上改進出了麻將，還與當時英國駐寧波領事夏福禮一起打麻將增進感情，麻局自古是社交的捷徑。後來，陳魚門又到上海經商，將麻將帶到了萬國雲集的十里洋場，麻將從此風靡全國。寧波話中「麻雀」和「麻將」是同音，也可印證麻將源於寧波。今天寧波天一閣景區，設有麻將創始人陳魚門的雕像，景區內還有麻將博物館。

關於麻將的發明，還有多種其他傳說。另一種流傳比較廣的說法認為，麻將的發明和護糧工有關。明清時期的江蘇太倉有很多糧倉，為了防止麻雀偷食糧食，護糧工經常要捕殺麻雀。閒暇之餘，他們就發明了麻將。麻將中的諸多元素都和捕殺麻雀相關。比如麻將一詞的吳語發音和麻雀的發音相同。再如麻將裡的餅字牌，又稱筒，源自護糧工打麻雀的火銃。這似乎也能自圓其說，但從麻將的演變史來看，其絕非一朝一夕的發明，而是在古代各種棋牌類遊戲的基礎上融合而來。還有一種說法認為是鄭和下西洋時的水手們發明了麻將，這種說法無據可考，可信度不高。

23 古人用什麼洗臉？

今人常常會用洗面乳洗臉，畢竟臉面對於我們實在太重要了。可能有人擔心穿越回古代會沒有洗面乳用，耽誤自己「容顏煥發」。其實這個擔心大可不必，因為古代也有專門的洗臉用品。

在《古人原來這樣過日子》中，我們曾提到古人會用淘米水洗頭髮。其實，淘米水在古代可謂萬能，不光能用來洗頭髮，還可用來洗臉。《禮記．內則》說：每三天要洗一次頭髮，如果臉髒了，就用淘米水洗洗。淘米水呈弱鹼性，可以祛除臉上酸性的汙垢，還可以吸除面部多餘的油脂。淘米水洗臉還有一定的美白功效，其富含的維生素B和澱粉能在臉上形成遮蓋效果，有短暫性的美白作用。直到今天，仍然有女性用這種古法洗臉。

除了淘米水，古人還用草木灰洗臉。草木灰是植物燃燒後的灰燼，內含碳酸鉀，總體呈鹼性，有很好的去汙效果。古人將草木灰兌水，製成「灰汁」，可用來潔面或洗澡。武則天喜歡用益母草製成的灰汁來洗臉護膚，醫書稱之為「則天大聖皇后煉益母草留顏方」。

怪不得唐太宗、高宗父子兩代都喜歡這張面孔，原來人家有護膚祕籍。

但要說古人最常用的潔面用品是什麼，答案竟然是豬胰臟。豬的全身都是寶，不光能吃肉，還能用來洗澡。豬胰臟為長條形，十餘公分長，粉紅色，內含有各種消化酶，能夠有效去除和分解汙垢。南北朝賈思勰的《齊民要術》中就記載了豬胰臟的去汙功效，距今已有近一千五百年的歷史。

古人以豬胰為主要原料，製作出了古代最常用的洗臉用品——澡豆。唐朝孫思邈的《千金藥方》記載了澡豆的製作方法：先將豬胰臟洗淨並去除脂肪油汙，然後研磨成糊狀，加入豆粉後攪拌均勻，最後經自然乾燥形成塊狀或球狀的澡豆。古人為了增加澡豆的美白和增香效果，還在澡豆中加入各種配料，如甘松、丁香、麝香、白芷、冰片、皂角、阿膠、糯米等。孫思邈親自為澡豆代言，稱其「治面黑不淨，一百日其面如玉，光淨潤澤，臭氣粉滓皆除」。有些加入特殊配方的澡豆，還具有去除粉刺、痤瘡的功效，看來古人也飽受青春痘的困擾。

澡豆是伴隨著佛教在中國的流行而普及的，至唐宋時才在民間普及。很多人最初並不知道澡豆為何物，為此還鬧出過一個著名的笑話。《世說新語》記載，東晉的王敦與舞陽公主結婚，成為駙馬。公主的生活方式很是時髦，王敦有些跟不上。婚後的一天，王敦在家上廁所，公主的侍女就端來乾棗和澡豆，乾棗是用來塞鼻孔阻隔臭味的，澡豆則是廁後用來洗手的。工敦哪認識這些公主用的高級貨，還以為這些是「如廁甜品」呢，直接就給吃了。這一彪悍行為逗樂了侍女，忍不住偷偷地捂嘴笑。

宋朝人在澡豆的基礎上，又製成了肥皂團。南宋的都城臨安，有專門經營肥皂團生意的人，可見其當時的流行程度。其實，肥皂團就是今天香皂的雛形，只是前者是純天然手工製，後者是現代化工產品。明清兩朝，這種澡豆型的肥皂團繼續流行，由於是用豬胰臟製成，民間俗稱為「胰子」。清朝末年，僅北京一地就有七十多家胰子店，產品遠銷海內外。當時有家名叫「花漢沖」的化妝品店，售賣各種「花漢春」品牌的美妝和洗護用品，其中胰子和香粉是超人氣商品，大內皇宮也在該店訂購化妝品。這家誕生於明朝嘉靖年間的化妝品店，興旺了四百多年，直到一九五二年才退出歷史舞臺。二〇一八年，北京大柵欄當年的舊址上，「花漢沖」老鋪重新開張，希望繼續傳承國妝之美。

改革開放前，生活物資匱乏，中國採取了嚴格的供應制度。香皂也屬於供應商品，很多家庭經常不夠用，於是又重拾傳統手工胰子的製作。王老師的母親在小時候就見到過這種工藝：將豬胰子剁碎，然後加入火鹼或燒鹼攪拌，最後自然風乾就得到了胰子皂。時至今日，中國東北地區的一些老人還將工業香皂稱為「胰子」。儘管這個名字不太文雅，卻沉澱著民族的記憶，散發著歷史的芬芳。

24 古人如何洗澡？

洗澡是一件很愜意的事，尤其是在寒冬數九之日去澡堂。大池中一泡，搓澡師傅一搓，躺椅一靠，再來點茶水飲料，愜意生活不過如此。古人也喜歡洗澡，漢朝公務員甚至有專門洗澡、洗頭髮的假期，五天一休，稱為「休沐」。那麼，古人是如何洗澡的？

甲骨文中的「浴」寫作「」，可以看出，一個人站在大盆裡，身上還有水滴，這說明商朝時候洗浴是一個人在浴盆裡泡澡。這不難理解，畢竟洗澡這事如此私密，古人最初是不習慣大家一起泡澡的，所以並沒有公共浴池。時至今日，有些中國南方的朋友依然不習慣共浴，王老師在讀大學時就深有體會。大一剛開學時，我們寢室的同學一起去學校浴池洗澡。一位四川的同學，拿著水盆，穿著內褲進入浴室。他在裡面巡視了一圈，發現大家都是一絲不掛地洗澡，這才又去更衣室脫掉了內褲。

古人最初都是自己一個人在家洗澡，用一個大盆就夠了。條件好的人家會有專門的浴室，洗澡時有奴婢伺候。迄今為止，我們能看到的最早的家庭浴室形象，是揚州西漢廣陵王劉胥陵寢中的浴室。浴室內有雙耳銅壺、銅浴盆、擦背用的浮石、木屐、銅燈、圓漆浴凳等全套洗浴設施，其中的雙耳壺應是奴婢為其主人進行人工淋浴時使用。

史上最著名的浴池，最著名的莫過於唐玄宗和楊貴妃用的華清池了，還被寫進了白居易的《長恨歌》。除了皇家鴛鴦浴池，唐朝還出現了民間公共浴室，人們已經開始共浴了。到了宋朝，由於市民階層的崛起，城市裡的公共浴室如雨後春筍般崛起。元、明、清三朝，公共浴室持續繁榮發展。馬可．波羅記載元朝人「每日早起，非沐後不進食」，可見先洗澡再吃飯已經成為元朝人的日常生活。

▲ 春秋鑲紅銅龍紋銅浴缶

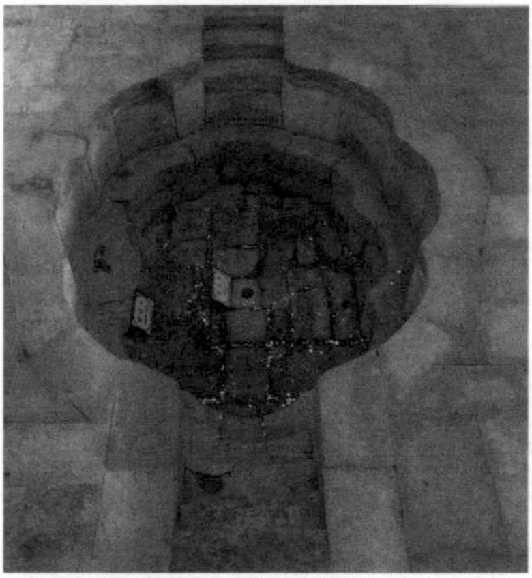
▲ 華清宮的海棠湯

古人洗澡時，會在洗澡水中加入中藥草以治療疾病，稱為「香湯」。在古漢語中，湯是熱水的意思，洗澡水也稱湯。今天，日本浴池的門口還會寫一個「湯」

字做招牌，這便是源於中國的洗澡文化。我上課時曾告訴學生一個笑話：某人去日本旅行，見一店鋪門口掛了個寫有「湯」字的門簾，這人以為是瓦罐煨湯之類的飯店，就進去「喝湯」了。店家發給他一個水盆，他心裡尋思「這日本人可真實在，喝湯都得用盆」。

古代洗浴業最為發達的城市當數揚州，形成了風靡大江南北的揚州洗浴文化。今天的東北地區比較高檔的洗浴場所，裡面的搓澡師傅不少都自稱來自揚州。揚州地處大運河與長江的交會處，是古代的交通樞紐，也是古代重要的商業都市和物流集散地，其商業地位和繁華程度堪比今日的上海。這裡匯聚了全國各地的商人，休閒娛樂產業興盛。商旅到了揚州都想休整一下，洗澡是去除旅途勞累的最佳方式，

▲ 古代蘇州的澡堂（出自徐揚《姑蘇繁華圖》）

這造就了揚州洗浴業的繁榮。揚州有句老話：「早上皮包水，晚上水包皮。」皮包水就是在茶館喝茶，水包皮則指去澡堂洗浴，足見洗浴文化在揚州的繁盛。

古代揚州的公共浴室稱為「混堂」，門口都會掛一個水壺，表示正在營業。古代浴池門口掛水壺，就像酒樓門口掛望子一樣。為什麼要掛水壺呢？王老師認為，可能是因為古代沒有自動淋浴，水壺是洗澡時人工淋浴的輔助工具，是澡堂的必備用品，所以成為了行業標誌。

洗澡很消耗體力，為避免「洗暈」，客人到了浴池要先喝點熱湯，出汗後再小憩一會兒，養足精神後方可下池泡澡。現在的浴池禁止皮膚病、性病患者和醉酒者入內，年紀大的人也會被要求有家人陪同，古代浴池也有這樣的行業要求。根據清朝《揚州畫舫錄》記載，混堂入池口兩邊有對聯一副：「病瘡梅毒休來浴，酒醉年高莫入池。」

今天的搓澡，在古代叫作「揩背」。宋代的蘇軾，就是一個「揩背」狂人，甚至還為搓澡師傅填了一首「搓澡詞」，名為〈如夢令．水垢何曾相受〉。詞曰：「水垢何曾相受，細看兩俱無有，寄語揩背人，盡日勞君揮肘。輕手，輕手，居士本來無垢。」蘇軾借寄語搓澡師傅輕搓一事，寓意自己秉性高潔——「居士本來無垢」，言下之意，自己的遭遇都是小人嫉妒陷害的。連搓澡時都在風雅地批評時政，宋代文人真的是時刻以天下為己任。

今人去公共浴室消費一次，如果找搓澡師傅服務，人均消費人民幣八十到一百元。那麼，古代浴池洗澡貴嗎？中國學者程民生先生的《宋代物價研究》一書中記載了「向浴堂沐浴，八人料錢八十文」、「以百文沐浴」等關於洗澡的費用。宋朝一文錢的購買力大約合今天人民幣一元錢，八個人的料錢八十文，這個價格應該是指門票，相當於每人人民幣十元。如果以百文洗浴，那就一定是找搓澡師傅揩背了。古代浴池的服務項目還有很多，比如梳頭、刮面、修腳、推拿、按摩、茶食等，全套下來，估計也得人民幣幾百甚至上千元了。

25 古人近視了怎麼辦？

根據中國國家衛生健康委員會公布的數據，二〇一八年中國高中生近視率高達百分之八十一。學生戴眼鏡現象非常普遍，你若不戴個眼鏡，都不好意思說自己是讀過書的人。古代文人考科舉，終日枕典席文，近視的肯定也不少。那麼，古人近視了怎麼辦？會戴眼鏡嗎？

古代近視的人還真不少，清代笑話集《笑林廣記》裡有不少關於近視的笑話。比如〈蝦醬〉篇，說有一人挑糞經過一位近視者，近視者看不清挑的是啥，但聞那臭烘烘的氣味以為是賣蝦醬的，遂喚曰：「拿蝦醬來。」挑糞人以為這人有病呢，沒理會就走了。近視者以為「賣蝦醬的人」故意不賣給他，就趕緊追上，「將手握糞一把，於鼻上聞之，乃罵道：『臭已臭了，什麼奇貨，還在這等行情！』」這個重口味笑話告訴我們：古人近視不僅耽誤學習，還影響智商。

古人稱近視為「不能遠視」，就是看不清遠處的東西。古人也已經知道用眼過度是導致近視的主要原因，如「數看日月，夜視星火，夜讀細書，月下看書，抄寫多年，雕鏤細作」等。但是，古人對近視的發病原因沒有科學的認知。近視的原理是眼球內部的視網膜和水晶體之間的距離拉長，光線不能在視網膜上聚焦，導致物體影像模糊。而古代中醫卻將近視的發病原因歸結為陽虛，因此對近視的治療方法竟然是補腎。即使到了清代，醫學家林佩琴依舊認為：「能近視不能遠視，陽氣不足也，治在膽腎。加味定志丸，或八味丸。」治近視居然得吃「六味地黃丸」，這眼睛不一定能治好，治腎虛肯定是管用了。

為了彌補近視的問題，古人會使用放大鏡和眼鏡。中國已知最早的放大鏡，出土於東漢廣陵王劉荊墓，為水晶材質。唐代，大量西域製造的玻璃材質放大鏡進入中原，被稱為「火珠」或「火齊珠」。從名字便可以看出，唐朝的放大鏡主要用於聚光點火，並非近視者專用。用放大鏡觀閱文字的記載，最早見於北宋。《暇日記》記載：北宋提刑官史沆在查閱案卷時用水晶鏡觀看文字。為何放大鏡看字在宋代普及呢？可能是因為宋朝科舉制大規模擴招，讀書人用眼疲勞而導致近視增多，以至於放大鏡大派用場。今天中國高考制度下的孩子們要上各種輔導班，加班加點地學習，大部分人近視也就不足為奇了。

南宋時期，中國出現了雙鏡片的老花眼鏡，名為「靉靆」（ㄞˋ ㄉㄞˋ），其外形和今天的眼鏡很接近。《洞天清錄》中記載：「靉靆，老人不辨細書，以此掩目則明。」這種眼

▲ 古代沒有鏡腿的眼鏡（出自《蘇州市景商業圖冊》）

鏡的鏡框用木片或牛角製成，中間有橫樑，架在鼻子上，沒有鏡腿，使用者可用細繩縛於腦後。

今人使用的有鏡腿的現代眼鏡源自西方，清代學者趙翼認為其在明朝宣德年間傳入中國。十三世紀，歐洲出現了眼鏡。隨後，眼鏡製造業迅速發展，義大利還出現了相關的行業規範。明朝仇英的名畫《南都繁會圖》就有戴眼鏡的人物造形。

到了清朝，眼鏡的使用更為普遍。那時的來華傳教士，很多人將眼鏡當作禮物獻給清朝皇帝。這裡的眼鏡，既有老花眼鏡，又有近視眼鏡。清朝的雍正皇帝是個眼鏡控，僅雍正九年（一七三一年）獲得的西洋眼鏡就有百副之多。不僅收藏，雍正見到新式眼鏡，還會命內務府仿製。清朝內務府下設有專門製造皇家御用品的造辦處，其中就有專門製作眼鏡的「眼鏡作」。雍正皇帝還經常將眼鏡賞賜給大臣，算作一種特殊的福利。

清朝時期，民間製造眼鏡的作坊也開始興起。乾隆年間，英國馬戛爾尼使團訪華，在廣州就見到了這種眼鏡作坊。使團人員在著作中記載道：「中國人不少戴眼鏡的，他們把眼鏡捆紮在頭上。他們的眼鏡片是水晶做的，廣州工人能用一種鋼鋸把水晶刺成薄片……中國工人大概不懂光學原則，他們不能按著人的視力缺陷把鏡面磨成相適應的凸度和凹度。他們把鏡面磨成各不同的凸度和凹度，放在那裡，供顧客自己試驗配戴。」可以看出，清朝人賣眼鏡沒有今天驗光的步驟，只是將不同度數的眼鏡放在那裡讓顧客試戴選擇。這個方法和過去農村集市上賣眼鏡一樣，沒有量身訂做，自己試戴合適即可。

▲《南都繁會圖》中戴眼鏡的老人

由於民間眼鏡作坊的發展，清朝文人和官吏戴眼鏡成為普遍現象。乾隆時期，有一知府進京面見皇帝。知府相當於今天的市長，能見皇帝一面也是難得。這位知府在述職後向乾隆皇帝提出了一個特殊要求：「臣出發前啊，家中老母命臣務必瞻仰聖上龍顏，以便回去後向家母描述聖上的尊容，讓她老人家不虛此生！」乾隆皇帝聽後就樂了，下令道：「那你就看啊！」可是這位知府是個近視眼，瞇縫著眼睛也看不清。「確認過眼神」，乾隆知道這位愛卿也是一個近視的人，便問道：「你有眼鏡嗎？」這知府還真從袖中掏出一副眼鏡，戴上後，將乾隆皇帝仔細看了一遍。瞧瞧古人這情商，多會拍皇上的「彩虹屁」。

眼鏡剛傳入中國時，其價格和一匹馬一樣昂貴。後來，眼鏡作坊普及，成本降低，五六錢銀子便可買一副，差不多就是今天的人民幣五百元。這樣親民的價格，也是眼鏡在民間普及的重要原因。

古人近視看不清字時，除了用眼鏡來解決問題，還會請人來幫忙讀書給自己聽。宋人葉夢得在《石林燕語》中記載：「歐陽文忠近視，常時讀書甚艱，惟使人讀而聽之。」歐陽修這操作相當於僱了個「人工點讀機」，哪裡看不清就點哪裡，估計文忠公得有好幾百度近視。

26 古代有「人口普查」嗎？

二〇二〇年，中華人民共和國進行了第七次全國人口普查。其實，中國自古就有「全國人口普查」，只不過其核心目的不是調查人口情況，而是防止老百姓逃稅、漏稅。

隋文帝建國之初，全國人口有四百萬戶。到了隋煬帝的大業年間，人口驟增到八百九十萬戶。短短二十多年間，人口就增加了一倍多。這些新增人口不可能都是生出來的，因為即便全國男女都從事造人活動，也不可能二十多年就生出一個國家。實際上，這些新增的人口中，一部分是新出生的，一部分則是加入了剛統一的南方人口，另外還有很大一部分是「全國人口普查」搜索出來的。

為什麼人口還要搜索呢？因為中國古代有一種常見的社會現象——老百姓「隱匿戶口」，其目的是逃稅和逃役。古代賦稅有兩種徵收標準：一是「稅人」，即人頭稅，是人就得交稅；二是「稅地」，即土地稅和財產稅，有錢人多交稅。很長一段時間裡，人頭稅是古代最主要的稅種，徭役、兵役的徵發也是以人頭為標準。由於以人口作為徵收對象，戶籍就顯得十分重要。掌握了戶籍數，國家的稅收和兵役就能得到保證，政權就能穩定。也正因如此，古代政府非常重視給老百姓訂立戶籍，即「編戶齊民」。

然而，每當戰亂或饑荒時，戶籍人口就會大量減少。有些是死了，更多則是逃往外地，成了流民。流民在新的生活地是沒有戶籍的，他們也不會主動去報立戶籍，因為沒戶籍就不用交稅了。亂世年代，國家掌握的戶籍人口數量和實際人口數量會嚴重不符。「桃花源」裡的民眾，就是古代的逃稅、漏稅分子。

▲ 明代洪武戶籍黃冊（藏於中國安徽博物院）

沒稅的生活，老百姓很「嗨皮」，皇帝卻很崩潰。沒人當兵，沒人交稅，皇帝就成光桿司令了。所以，古代政府每隔一段時間就會舉辦全國人口普查，審核並訂立戶籍。隋朝統一後，結束了魏晉以來的國家分裂狀態，政局重新趨於穩定，政府管控力增強。這一情況下，隋朝政府進行了中國古代最為著名的一次「全國人口普查」，這就是大業五年的「大索貌閱」。

所謂「大索」，即大規模地搜索人口，針對「戶口多漏」現象，找出那些隱匿戶口的人，給他們訂立戶籍。所謂「貌閱」，實際就是看人的相貌。既然人都找出來了，你按人口徵稅就行了，為什麼還要看相貌呢？難道是根據相貌收稅，長得老多交稅嗎？還真是這樣！

除了隱匿戶籍的方法，中國古代還有另一種常見的逃稅方法——謊報年齡。古代的人頭稅，針對不同年齡的人，徵收標準是不一樣的。以漢朝為例，對十五到五十六歲的人口徵收算賦，每人每年一百二十錢；對七到十四歲的未成年人口徵收口賦，每人每年二十錢；對五十六歲以上的老人免稅。如果是八九十歲的老人，國家還會給予養老補助。如漢文帝下詔：八十歲以上的老人，每月賜米一石、肉二十斤、酒五斗。歷代都是類似的徵收標準——未成年減稅，成年全稅，老人免稅。

古代的成年男子是納稅和服役的主體，被稱為「丁」或「成丁」。歷朝歷代成丁的年齡標準不同，有的時候是十五歲，也有十八歲或二十歲的。這樣的政策下，一些老百姓為了少交稅或不交稅，就會謊報自己的年齡，逃避「成丁」。日本學者池田溫在研究唐朝人口情況時就發現了這樣一個有趣的現象——十九歲的人口特別多，遠超其他年齡的人口比例。這是因為唐朝的成丁標準是二十歲，很多人即便超過了二十歲也謊報自己十九歲，以逃避全稅。

所以，古人真的希望自己永遠十九歲，不僅年輕，還能省錢。古代統計戶口時，都是老百姓自己上報家庭成員情況，稱為「手實」。為了防止老百姓謊報年齡，隋朝在大索的同時也進行了「貌閱」，把十九歲的人口都召集起來，由官員看長相，看你到底像不像十九歲。除了十九歲以外，五十九歲、六十九歲等節點年齡也要貌閱，防止你謊報高齡以逃稅或冒領養老補助。

由此看來，古人還真是看相貌收稅。如果某家的孩子長得著急，十三歲的年齡便長了一副三十歲的面孔，那就對不住了——您得交全稅。

飲食篇

古代的飯菜好吃嗎？

27

古人的主食有哪些？

看過電影《趙氏孤兒》的朋友，一定記得葛優在劇中把麵條吃出了火鍋感覺的名場面。但是，如果尊重歷史真實，葛優是不該吃麵條的，因為當時的主食裡還沒有麵條這一項。那麼，歷史上各個朝代的主食都有哪些呢？

俗話說「人食五穀雜糧」。五穀即粟、黍、麥、稻、菽五種糧食作物，自古便是中國人的主食來源。然而在不同的歷史時期，五穀的地位是迥然不同的。

粟，又稱「稷」，即今人俗稱的小米，是中國人最早的主食之一。中華文明發源於黃河流域的中原地區，這裡以溫帶季風氣候為主，春季乾燥，夏季多雨。這種氣候和粟的生長習性可以說是絕配：粟在幼苗期需要的水分不多，不怕黃河流域的春旱；等到了生長期需要大量水分的時候，黃河流域正值多雨的夏季，正好能促使粟茁壯生長，粟因此成為了古人最早青睞的糧食作物。繁衍於黃河流域的先人們，吃著黃河水滋養的粟米，可謂身土不二。

從先秦到唐宋，粟米飯一直是中國人的第一主食。古人用「杵臼」將粟脫殼，得到可直接食用的小米。小米可蒸飯，也可煮粥。今人也常喝小米粥，這可是跨越了八千年的古老味道。民以食為天，粟作為主食，直接關係到國計民生，所以，古人將粟的地位上升到了政治高度。江山社稷中的「稷」，就是粟的另一個名字。

排在古代主食榜第二位的是黍，也就是今天的黃米。黍的畝產量僅及粟的一半，地位遠不如粟，但黍米蒸熟後黏黏的，口感非常不錯，因此經常被老百姓用來待客。黍米飯待客的習慣至少保持到唐朝，孟浩然在〈過故人莊〉就寫過「故人具雞黍，邀我至田家」的詩句——鐵鍋燉好雞，蒸好黃米飯，好朋友來了咱就乾。記得王老師小時候去姑姑家時，表哥熱情地邀請我吃在東北很流行的黍米飯拌葷油，可我終究沒敢對這油膩膩的美食下口，至今不知其滋味如何。

小麥在《詩經》被提到的次數僅次於粟和黍，但是在中國出現較晚，四千年前才從西亞傳入，是道地的「進口貨」。最初人們並不會磨麵粉，而是直接將麥粒蒸熟了吃，稱為「麥飯」，估計味道不會太好。直到漢朝開始推廣能將小麥磨成麵粉的工具圓磨，人們才開始吃麵條。因此，《趙氏孤兒》中的程嬰若想吃麵條，必須得往後穿越五百年。

儘管麵食很晚才普及，但它似乎更符合中國人的胃口。一經問世，就霸占了中國人的餐桌。到了唐宋時期，國人的主食已經從米飯演變為麵食加各種米飯。唐朝人將麵食統稱為餅：麵條名為湯餅或索餅，燒餅名為胡餅，饅頭名為蒸餅。古代也有叫饅頭的麵食，但一般都帶餡，更像包子。這一時期，餃子也從餛飩中脫離出來，成為獨立的麵食。當時的西域也流行吃餃子，吐魯番地區就出土過唐朝的餃子。

水稻是今人最常吃的主食作物，尤其是在南方地區。南方人食用稻米的歷史很久了，比如初中歷史課本提到的河姆渡文化遺址地區，七千年前就種植並食用水稻了，但在很長一段歷史時期，中國的政治和經濟中心都在北方地區，稻米作為南方局部地區的地域性食物，始終沒有成為全國性的主食。直到宋朝，經濟重心南移，還從越南引進了高產耐旱的占城稻，稻米才逐漸占據了國人的餐桌，從而形成了「南稻北麥」的主食格局，一直延續至今。

五穀中還有個菽，泛指豆類。其中最常食用的是黃豆，主要是蒸熟了吃。但黃豆口感很差，容易消化不良，吃完還容易放屁。那為什麼還要吃呢？為了度過饑荒。黃豆是古代最重要的救荒作物，不僅能種在山地上，還能一年兩收，產量也高於粟，所以，古人在食不果腹的饑荒年景就會用黃豆續命。在動盪的戰國時代，黃豆甚至還成了主食。

因此，古人在先秦以前吃粟米和黍米，漢朝時期加入了小麥麵食，宋朝時期又加入了稻米，在饑荒時吃黃豆續命，這就是中國古代長期的主食結構。

中國人以五穀為主食的飲食習慣延續了數千年，直到明清時期才發生了改變。新航路開闢後，原產自美洲的玉米、地瓜、馬鈴薯傳入中國，成為國人的主食備選。特別是在饑荒時期，這些高產作物一度成為平民的第一主食。民國時期，社會動盪，窮人多以玉米、地瓜為主食。福建《霞浦縣誌》就記載：「今民間食米十之二，食薯十之八。」新中國成立後，這種情況也未馬上改變，甚至更加嚴重。我的父親生長於東北的工業城市，從小以玉米麵貼餅和玉米大碴粥為主食，吃白米、白麵如同過節一般。汪曾祺的小說《黃油烙餅》，講述的就是這個飢餓年代的故事。直到改革開放後，生活富裕了，中國人的主食結構才又回到了「南稻北麥」的格局。

28 古人愛吃什麼肉？

今人愛吃肉，古人也愛吃肉，但肉在古代不是誰都能吃得起的，以至於「肉食者」還成了當權者的代名詞。古代祭祀也要用牛、羊、豬三牲，合稱「太牢」，是對先人最高級別的敬意，可見吃肉在古代飲食文化中的象徵意義。孔子就是個肉食愛好者，收學費都要收束脩（也就是肉乾），還用「三月不知肉味」來襯托聽到美妙音樂時的愉悅感。

中國人今天吃的豬肉多來自肉品加工廠，機械化屠宰，生產速度極快。古代的屠宰則全靠人力，所以需要大量的屠夫。唐朝武則天當政時期，都城長安的屠夫和更夫總共有八萬人之多。漢朝名將樊噲、東漢

▲ 魏晉彩繪切肉圖壁畫磚（藏於中國甘肅省博物館）

▲ 古代的肉鋪（出自仇英《清明上河圖》）

外戚何進、蜀漢時期名將張飛，他們都是屠戶出身。這可能是因為屠夫心狠手快，善於殺伐決斷。屠戶職業在古代多是世代相傳，唐朝便有「京師有屠人，積代相傳為業」的記載。儘管屠夫的社會地位比較低，但賺的卻比較多。劉備創業時，靠的就是屠戶張飛的資助。

那麼，古人買肉方便嗎？城市裡還是很容易買到的。先秦時期的城市裡，就有專門賣肉的市場，稱為「屠肆」。唐朝都城長安有嚴格的坊市制度，商業區多限制在東西兩市之內，屠肆也集中於此。宋朝城市繁榮，商業區突破了地域限制，沿街皆可經商，肉行也很常見。宋人追求生活舒適，如果懶得去肉店買肉，還可以在家等著肉販送肉上門。《東京夢華錄》記載，當時的肉販「每人擔豬羊及車子上市，動即百數」。古代的肉店都設有窖井，將肉儲存於內，可低溫保鮮。

古人愛吃什麼肉呢？牛肉肯定不行，因為牛在古代是重要的農用牲畜，法律禁止私自宰殺，即便愛吃也不能吃。先秦時期的人們愛吃狗肉，那時的狗肉還是貴族食品，被列入「八珍」。吳越爭霸時，越王勾踐為了鼓勵人口生育，頒布了激勵政策：生男孩的人家，獎勵一隻肉狗和兩壺酒；生女孩的人家，則獎勵一隻小豬和兩壺酒。古代重視男丁，可見狗肉比豬肉上等。秦漢時期依然流行吃狗肉，樊噲早年就以屠狗為業，劉邦因愛吃狗肉與其結下了深厚的革命友誼，這就是「交狗肉朋友」說法的來源。據說劉邦吃狗肉從來不給錢，樊噲算是做了政治投資。

若論古人最愛吃的肉，還得說是羊肉。原因一是羊肉鮮美，二是古人認為羊肉更建康。羊肉是食草動物，傳統觀念認為比豬這種雜食動物乾淨。直到宋代，中醫還認為久吃豬肉易得病。《太平廣記》中，涉及唐朝人吃肉的內容有一百零七處，其中半數是吃羊肉。宋人更愛吃羊肉，特別是上層社會。宋神宗時期，皇宮御廚每年使用的羊肉高達四十三萬斤，豬肉則只有四千一百三十一斤。北宋大臣呂大防還說：「飲食不貴異品，御廚止用羊肉，此皆祖宗家法所以致太平者。」可見，吃羊肉已經上升到祖宗家法的高度。宋朝皇帝還經常賞賜羊肉給大臣，官員的俸祿裡也有羊肉。

儘管宋人愛吃羊肉，但羊肉的價格在當時真的不低。北宋時，羊肉每斤一百二十文，合今天每斤人民幣一百元。之所以這麼貴，是因為宋朝人口超過了一億，人口與土地資源極度不均，缺乏養羊需要的大片牧場。到了南宋，北方適合養羊的領土盡失，羊肉價格更是水漲船高。《夷堅志》記載，南宋「平江九百一斤羊」，可謂天價羊肉。在宋朝擼一頓羊肉串，相當於今天在中國三亞吃「海膽蒸蛋」。

老百姓吃不起羊肉，豬肉的價格優勢開始顯現了。養豬很容易，因為豬不挑食，餵什麼吃什麼。養豬也不需要牧場，有豬圈就夠了，養殖週期還短，一年可以出欄兩次。因此，在土地資源極度不足的情況下，國人的食肉習慣悄然地發生了改變。從宋朝開始，豬肉漸漸成為平民的主要肉食。根據《東京夢華錄》記載，每天從城郊趕進汴京城內的生豬，有萬頭之多。算下來，平均每人一天能吃三兩豬肉。要知道，在中國改革開放前的憑票供應年代，一個月才供應六兩豬肉。明清時期，豬肉已經成為國人第一肉食，上流社會也大量食用豬肉。滿漢全席中，就有大量的豬肉菜品，如清蒸八寶豬。

今人買肉，最怕遇到灌水肉。古代的無良商販同樣也會售賣變質肉和灌水肉，古代政府便透過立法手段嚴厲打擊此類行為。張家山漢簡《二年律令·賊律》中有「諸食脯肉，脯肉毒殺、傷、病人者……與盜同法」的法律條文，意思是說：售賣變質毒肉的行為等同

「盜罪」。唐朝的《唐律疏議》規定得更為詳細：有毒變質的肉類，必須馬上銷毀，否則「杖九十」；如果售賣變質有毒肉類，致人傷殘的判處一年徒刑，如果致人死亡則處以絞刑。宋代將相關法令進一步具體化，還出現了處罰售賣灌水豬肉行為的法條，《宋刑統》規定：肉販在豬牛羊肉裡灌水並出售的，「杖六十」；如果打完再犯，「徒一年」。要知道，古代的杖刑就是打板子，幾板子下去就會皮開肉綻。古人用如此嚴厲的手段打擊無良商販，可見對食品安全的重視。

今天那些賣注水肉的奸商，多是被罰款或吊銷營業執照。如果回到宋朝，就沒那麼容易放過了——賣灌水肉者，屁股打爛；賣變質肉者，牢底坐穿。

29 古人吃什麼水果？

儘管中國大地幅員遼闊，但位於熱帶的地區極少，算不上是水果的天堂。事實上，我們今天常見的水果品種，很多是近代才從外國引進的。那麼，古人吃什麼水果呢？

先秦時期，國人吃的水果大多都能在《詩經》裡看到。如「桃之夭夭」中的桃子，「丘中有李」中的李子，「八月剝棗」中的棗子等。古人樂於藉水果來表達自己的情感。例如「于嗟鳩兮，無食桑椹。于嗟女兮，無與士耽」這兩句，說的是棄婦提醒斑鳩不要吃太多桑椹吃醉了，否則會落得被拋棄的下場，這裡的桑椹代指男人的甜言蜜語。再比如「摽有梅，其實七兮。求我庶士，迨其吉兮」這兩句，說樹上的梅子正紛紛落地，還剩下七成，追求我的小夥子啊，不要再耽誤良辰美景。在這首情詩中，掉落的不僅是梅子，更是青春期少女期待的眼淚。

除此之外，《詩經》中還提到了梨、棠棣、獼猴桃、木瓜、山葡萄、甘蔗、榛子、栗子等水果或堅果。許多詩篇更是直接以水果命名，如〈衛風．木瓜〉〈召南．甘棠〉〈魏風．

園有桃〉等。不過，這其中許多水果的味道和今天已大不相同。因為我們今天吃到的「古老水果」，多是經過後世人工嫁接培育出來的新品種。即便是古今皆有的水果，古人的食用方法和今天也不大一樣。比如酸酸的梅子，古人不把它當水果吃，而是烹飪時當作酸味調料。

漢朝時，張騫出使西域，開通了陸上絲綢之路。此後，大量的「進口水果」傳入中國，其中最具代表性的，當數葡萄和石榴。

早在商周時期，國人就已經食用山葡萄了，但這種葡萄是野生的，今人吃的大粒葡萄是漢代引進的歐亞種葡萄。西方國家栽培葡萄的歷史非常久遠，早在古希臘時期，葡萄便是西方人的日常經濟作物。張騫通西域後，歐亞種葡萄傳入中國。從此，「葡萄美酒夜光杯」成為了貴族生活的標配。東漢末年，孟佗還用一斛葡萄酒賄賂了宦官張讓，謀得了涼州刺史一職，足見葡萄酒的身價之高。

▲石榴（出自《宋人畫榴枝黃鳥圖》）

石榴原產於伊朗和巴爾幹半島，張騫出使西域時，將石榴種子帶回長安。從此，石榴

被中國文化熱情接納，主要是因為其種子的顆粒特別多，這很符合傳統文化中「多子多福」的寓意。除了葡萄和石榴，漢朝的文獻中還出現了核桃等水果，它們也多是從西域傳入的。

蘋果在漢朝也已經出現，叫作「柰」或「林檎」，但和我們今天吃的蘋果完全不同，這種蘋果是綿蘋果，口感極差，古人種植它不是為了吃，而是放在屋子裡當香薰用。慈禧就特別喜歡蘋果香薰的味道，一年便能消耗十五萬個蘋果用來聞味。我們現在吃的蘋果，多是十六世紀英國培育出來的新品種，十九世紀末才引進到中國煙臺地區。「蘋果」一詞也是外來語，源於印度佛經上說的一種紅而甜的果子，其梵語音譯為「頻婆」。日本依然保留了中國古代對綿蘋果的稱呼，稱為「林檎」（りんご），寫法與發音都和中國古代一致。

▲ 慈禧畫像中的蘋果（藏於頤和園）

很多人愛吃的西瓜也是「進口貨」，原產於非洲。關於西瓜傳入中國的時間，眾說紛紜。

這些說法中，傳入時間最早的是漢朝，最晚的是元朝，時間跨度長達千年。流傳最廣的說法見於北宋歐陽修在《新五代史》中所說的「云契丹破回紇得此種」。契丹破回紇之役發生在遼代初年，此時距離唐末較近。考慮到外來植物的引種及推廣需要一定的時間，所以西瓜極有可能是在唐朝末年傳入中國新疆地區，爾後推廣到中原。

明朝時，鄭和下西洋，到訪許多亞非國家和地區，也嘗到了很多國人從未見過的新水果，比如被譽為「水果之王」的榴槤。鄭和的船員記載道：「有一等臭果，番名『賭爾焉』（榴槤英文名 durian 的音譯）……若臭牛肉之臭。內有栗子大酥白肉十四五塊，甚甜美好吃。」顯然，鄭和船員被這種聞著臭、吃著香的奇異水果所吸引了。然而，這種美味的水果並未隨著船隊帶回中國，因為鄭和下西洋的目的是政治性的，是為帝王宣揚國威和炫富。所以，他們會為帝王帶回麒麟（長頸鹿），卻不會帶回榴槤和芒果這些「沒用的東西」。

明朝中後期，中國開始閉關鎖國，進口水果與近代文明一起被中國人拒之國門之外。直到晚清，中國的國門被迫打開，更多的水果品種才源源不斷地進入中國，然後走進尋常百姓家。

與西方相比，中國古人不太鍾愛水果，因為古人對植物的態度是「實用至上」，其最重要的價值是果腹。水果的成熟時間，基本上和糧食作物同步或者延後。有糧食吃了，誰還會惦記吃水果呢？中國古代的水果，要麼是詩歌裡的美好意象，要麼是烹飪時的輔助調料，要麼就是借用氣味的香薰用品。當然，愛吃水果的人還是有的，比如愛吃荔枝的楊貴妃。著名的荔枝品種「妃子笑」，就是一千多年前楊貴妃「代言」的。

30 古人吃糖嗎？

人生五味，酸、甜、苦、辣、鹹。這其中，甜味是最能給人帶來愉悅感的。小孩子哭鬧時，家長常會哄著說「寶寶乖，媽媽買糖給你吃」，而絕不會說「媽媽買辣椒給你吃」或「寶寶乖，快來喝碗醋」之類的話。女生心情不好的時候，一塊提拉米蘇的功效抵得上一個心理醫生。今天的甜味多來自蔗糖，俗稱白糖。然而，在古代的很長一段時間內，國人是沒有蔗糖吃的。

古人最早吃的糖是麥芽糖，先秦時就有了。麥芽糖有兩種形態——塊狀和稀狀，塊狀的稱為「餳（ㄒㄧㄥˊ）」，稀狀的稱為「飴」。《詩經．大雅．綿》中有「周原膴膴，堇荼如飴」的詩句，意思是在周原（周人先祖開國之地）這片肥沃的土地上，連苦菜都像麥芽糖一樣甘甜，形容周人生活在一片希望的田野上。製作麥芽糖的原料一般是小麥、大麥或糯米。古時候糧食產量低，人們吃飽飯都是問題，不可能把大量糧食用來製糖，所以，麥芽糖是上層貴族享用的奢侈品，老百姓也只有在過年時才能嘗一嘗。民俗中有句老話：

「二十三，糖瓜黏。」這裡的糖瓜，是一種用黃米和麥芽熬製成的糖塊，人們在過小年時才能吃到。

今天吃的蔗糖以甘蔗或甜菜為原料，甜度遠高於麥芽糖。甘蔗並非中國原產，它最早在公元前八千年前後種植於新幾內亞島，但在很長的歷史時期內，甘蔗被用來餵豬而不是製糖。「糖」這個詞的英文是「sugar」，德文是「zucker」，法文是「sucre」，據中國學者季羨林考證，它們都源自古印度的梵文「sarkara」。這從詞源的角度印證了各國的製糖術起源於印度。印度人的製糖方法是將甘蔗榨出汁曬成糖漿，再煎煮成石頭一般的蔗糖塊。這種蔗糖傳入中國後，被稱為「石蜜」，其迷人的味道引起了中國人對其製作方法的好奇。

唐太宗時期，朝廷派出了以王玄策為正使的使節團，到印度北方的摩揭陀國學習製糖術。不巧，該國剛發生政變，新篡位的國王不太了解唐帝國的實力，居然襲擊了使節團。王玄策是個很有膽量的人，他並沒有跑回遙遠的大唐去求救，而是選擇絕地反擊。他到鄰國尼泊爾借來七千名精兵，又發檄文號召附近的大唐藩屬國出兵支援，就這樣拼湊出了一支萬餘人的「聯合國軍」，攻破摩揭陀國，俘虜了國王，最終也學會了製糖術。這就是歷史上王玄策「一人破一國」的故事，被記載入了《唐會要》，電影《功夫瑜伽》中就提及了這段歷史。

中國引進印度製糖術後，多次進行改良。早期的蔗糖不是白色，而是黃黑色，類似今天的紅糖，主要原因是無法有效提煉純度。明朝時，中國人發明了「黃泥水淋糖法」，將蔗糖提純成白糖，使其甜度大增。明朝的白糖曾出口日本，荷蘭人還將其轉運回歐洲賺差價。這種改進的製糖術後來又傳回其發源國印度，印度人稱這種白糖為「cini」，在印地語裡就是「中國」的意思。

古代的歐洲人，最初只能從蜂蜜裡找甜味，直到十一世紀十字軍東征，他們才從中東學到了起源於印度的製糖術，吃到了蔗糖。這種味道讓歐洲人欣喜若狂，從此蔗糖迅速風靡歐洲上層社會。那時候蔗糖的價格非常高，幾乎與黃金等同，是絕對的奢侈品。貴族吃甜品，喝咖啡，甚至喝茶都放糖。伊麗莎白女王嗜糖如命，把牙齒都吃黑了，於是上層社會也都特意把牙吃黑。要知道，這黑

▲《天工開物》（明崇禎十年涂紹煃刊本）中有關「黃泥水淋糖法」的記載

牙可是「女王同款」，是財富和地位的象徵。

十五世紀末，歐洲人發現了美洲大陸，這片溫暖的土地非常適合種植甘蔗。很快，歐洲人在美洲建立了大批甘蔗種植園，並擄掠非洲奴隸在種植園內勞動。在著名的三角貿易中，從美洲開出的船上，蔗糖是大宗商品。一船又一船的蔗糖被英國商船販運回歐洲，不僅使廉價的蔗糖進入尋常百姓家，也讓英國商人賺得盆滿缽滿。有學者認為，當英國工人喝了第一杯加糖紅茶的時候，其歷史意義甚至足以和蒸汽機的發明相提並論。因為蔗糖的大量販賣，使英國迅速完成了資本原始積累，促進了資本主義發展，推動了世界的近代化進程。可以說，蔗糖是推動了人類歷史發展的甜蜜食品。

儘管糖為人類帶來了許多甜蜜，但是攝入過多白糖對人體危害極大，不僅會導致肥胖，還會引發糖尿病、心臟病，甚至腳氣，還會增加近視的風險。在此，王老師提醒朋友們：吃糖有風險，多吃須謹慎！

31 古代的調味料有哪些？

中國的飲食文化博大精深，追求生理和心理的雙重滿足，講究色、香、味、形、意全方位的美學標準。這其中，味道是核心。正因如此，中國烹調理論的核心就是調味。在調味過程中，調味料的作用不可或缺。接下來，我們就來說說古人烹飪時都會用哪些調味料。

俗話說開門七件事：柴、米、油、鹽、醬、醋、茶。這七樣日常生活必需品中，後五樣皆可作為調味料，足見調味料在古人生活中的重要地位。而在實際生活中，調味料遠不止這五種。

古人講五味調和，五味是鹹、酸、苦、辣、甜。其中，鹹味是五味之首，又稱「百味之王」。《漢書．食貨志》就引用王莽的詔書說：「夫鹽，食肴之將。」也就是說，鹽是調味料中的霸主。

古人吃的鹽，主要有海鹽和井鹽。海鹽出現得早，根據《尚書．禹貢》記載，夏朝時的青州就在進貢海鹽了。這裡的青州，大致是今天山東與河北的沿海地區。宋元以前，海鹽的製作方法為「煎鹽法」。在製鹽開始前，需要刮取海邊鹹土，用草木灰提取鹽分，作為製鹽原料。製鹽開始，先用水沖淋上述原料，溶解鹽分形成鹵水；然後將鹵水晾曬，去除雜質以提高鹽的濃度。為了檢測鹵水，古人利用了物理學密度與浮力的原理，向鹵水中投入蓮子，根據蓮子的浮沉位置判斷鹽的濃度。最後，將鹵水置於敞口容器中煎熬，蒸發掉水分，最終獲得鹽粒。宋元時期，人們又發明了「曬鹽法」，省去了煎熬環節，大大節省了燃料。井鹽的製作方法也是大同小異，只是鹵水的獲得方法是直接打井開採於地下。

▲古代鹽田場景微縮景觀（位於中國海鹽博物館）

醬也是比較古老的一種調味料，起源於中國，《周禮》中有「百醬」之說。最早的醬是肉做的，將肉切碎，放入鹽或釀酒用的酒麴，然後密封，放在太陽下曬，最終製作成醬。從漢代開始，古人用大豆做醬。根據《齊民要術》記載，當時的人將大豆蒸熟，加入鹽、麥麴、草橘、黃蒸（一種用米和麥製成的發酵劑）等作料揉搓，然後放入甕中壓實並密封。將甕置於太陽底下曬，約一個月後，黃豆表面便會長綠毛。這時取出捏碎，再放回甕中並加入水和鹽，拿到太陽底下曬。曬製期間，每天還要攪拌，曬滿百天後就可以得到豆瓣醬了。豆瓣醬的製作過程很複雜，古人為了吃，一點也不嫌麻煩。

在製作醬的過程中，古人還學會了製作另一種古代常用的調味料——豆豉。據南宋《夢粱錄》記載，飯店裡有「潤江魚鹹豉、十色鹹豉」等種類的豆豉。在醬的基礎上，醬油出現了。醬油是液體，適合製作各種菜品，特別是涼拌。南宋《山家清供》記載了一道涼拌美食「柳葉韭」，具體做法為「韭菜嫩者，用薑絲、醬油、滴醋拌食」。據說這道菜不僅清爽可口，還有補腎利尿的藥用價值，特別適合中老年男士食用。

古人最初沒有醋，烹飪時用梅子獲得酸味。將梅子搗碎後取其汁，製成梅漿，相當於果醋。大約在西周時期，古人掌握了穀物釀醋的方法。醋在古代稱「酢」或「醯」（ㄒㄧ）。從字形上看，這幾個字的左邊都是「酉」，在甲骨文中是「酒」的意思，這說明釀醋起源於釀酒工藝。俗諺講，「杜康造酒兒造醋」，這也說明釀醋和釀酒的工藝相近。自古以來，中國各地就有很多種醋，原料、工藝、味道不盡相同。當下，中國最具代表性的醋有山西陳醋和鎮江香醋。山西陳醋酸得直率清爽，像中原漢子熾烈的性格；鎮江香醋酸得綿軟回甘，味道如同江南女子般溫婉。南北兩大醋王，彼此總是掐架，非要爭個正宗。其實大可不必，漢子和妹子各有各的好，看你口味喜好。

至於甜味，今人烹飪時從蔗糖獲得。唐朝以前，中國沒有蔗糖，只能從麥芽糖或者蜂蜜中獲取甜味。古人對甜味十分珍視，為了獲取甜味食物，會直接用蜂蜜泡製食材。蜂蜜泡製出來的蜜餞，宋人稱「蜜煎」。

看過《古人原來這樣過日子》的朋友一定知道，辣椒是在明朝末年才傳入中國的。雖然古人很晚才用辣椒烹飪，但是古人的飲食裡並不缺少辣味，辣椒傳入前，花椒是辣味的主要來源。此外，蔥、薑、蒜、茱萸和芥末，也是辣椒的替代品。

今人吃火鍋要用蘸料，中國南方吃肉還多用蘸水，二者屬於複合調料。古代也有這種複合調料，叫作「齏」（ㄐㄧ）。古人愛吃生肉絲和生魚片，稱作「膾」或「鱠」，吃的時候蘸著齏更為鮮美。《齊民要術》中記載了一種八合齏，即用八種調味料調和而成。分別是「蒜一，薑二，橘三，白梅四，熟栗黃五，粳米飯六，鹽七，酢（醋）八」。下次調蘸料的時候，你就可以試試八合齏，感受一下千年前的古老味道。

32 古代有自來水嗎？

水是生命之源，人們的日常生活離不開水。在人口密集的城市，水的消耗量巨大。以王老師生活的長春市為例，日用水量在一百萬立方米以上，相當於一天消耗掉一個濟南大明湖。現代城市有供水系統提供的自來水，因此人們不再為用水發愁。那麼，古代的城市居民如何獲得生活用水？他們也有「自來水」嗎？

關於這個問題，我們分水源和輸水線路兩部分來說。

先說說水源。古代城市多建在河流附近，目的就是要滿足城市用水。秦都咸陽，橫跨渭水；西漢都城長安，素有「八水繞長安」之說；宋都汴京，棲息在汴河之上。不過，河水的流量有季節性變化，加上城市的人口不斷增加，有時候會出現供水不足的情況。為此，古人還會修建蓄水工程來彌補天然河流供水不足的問題。比如，在長安附近修建的昆明池，最初是漢朝為征服南方昆明國而用來訓練水軍的，後來成為皇家園林，但最重要作用還是蓄水。唐朝長安的曲江池，也兼顧了皇家園林和蓄水工程兩個作用。

有了水源，還要有輸水線路將水輸送到城內生活區。最常見的輸水線路是水渠，有主渠和支渠之分。主渠穿城而過，與水源地相通；支渠與主渠相連，將水供應到每一片生活區。唐朝的長安城，有五條輸水主渠，分別是龍首渠、清明渠、永安渠、漕渠及黃渠。根據《唐兩京城坊考》記載，水渠寬約二點五公尺，深約三公尺。考古工作者曾在西安市區發現了一段唐代水渠，其寬三點四公尺，深六公尺。在沒有挖掘機的時代，修建這樣的水渠是一個很大的工程。

唐朝的水渠多為明渠，裸露於地表，蜿蜒繞城，有美化城市的作用。但是，明渠裡的水裸露在外，很容易汙染，因此古人還會修建暗渠。比如在大明宮龍首渠遺址，渠底、渠壁皆為石材，渠上蓋有石板，密封性極佳。這種暗渠造價較高，多修建於皇家宮苑。有了它，皇帝就不怕有人在水渠裡撒尿了。而在與漢朝同時期的古羅馬時代，人們很早就意識到了水質問題，所以，羅馬城的水渠皆為石材建製，要麼是高架，要麼是暗渠，保證了水質。並且，這種水渠是全民普惠性的，並非皇家專享，長度總共有二百公里。由此可見，在供水衛生這一點上，古代中國不如同時代的西方。

在河流與水渠密布的古代城市中，地下水資源也很豐富，人們還可以鑿井取水，地下水也更為潔淨。然而，如果我們考察唐代長安城內的水井遺址，會發現它們大多位於宮苑和府衙之內，老百姓的生活區幾乎沒有水井。這說明井水只供上層社會使用，老百姓很難享受到。原因可能是水井的造價較高，井壁四周皆要砌磚，老百姓負擔不起。況且已經有了水渠供水，一般老百姓是不會費錢費力挖水井的。

到了市民階層崛起的宋朝，水井不再是貴族專享。北宋初年，汴梁城內的水井仍然多為官方專用的「官井」。老百姓使用官井是要收費的，稱為「水課」，相當於今天的「自來水費」。宋真宗時，廢除了水課制度，民眾可以免費使用官井。同時，為了解決市民用水問題，北宋政府大力開鑿居民區水井，僅慶曆六年，就開鑿了三百九十口民用水井。《清明上河圖》中就有居民區水井

▲《清明上河圖》裡的水井

的畫面。方形的水井，中間十字交叉，形成一個「田」字。田字的四口皆可以用桶取水，提高了使用效率。由於井水清潔且使用方便，成為宋朝城市居民飲用水最主要的來源。在元明清三朝的北京城，老百姓也主要使用井水。今天，中國老北京城的居民區小巷稱為「胡同」，就源自蒙古語裡「水井」一詞的音譯，說明在元朝時，老百姓多圍繞水井聚居。另外，在漢語裡，城市裡的街坊民居稱為「市井」，這也說明了水井與民眾生活的密切度。

水井附近的人家比較享福，離水井遠的人家就麻煩了，遠距離擔水是很累的。不過別擔心，古代還有「自來水」服務——人工送水。送水服務在古代也稱為「沽水」或「販水」，唐朝就已出現，宋朝形成了產業。宋朝從事販水行業的人多為社會底層，靠出賣體力為生。販水行業關乎民生，宋朝政府對其實行免稅政策，以降低水價。販水行業是「劃片服務」的，每個水販都有各自的服務區域。有的受僱於人家，包月服務；有的則直接沿街售賣。依據距離的遠近，一擔水的價格三五文，多的不超過十文。一戶人家每天的用水量一兩擔，算下來，一天的買水費用約合今天人民幣十元錢。與今天的自來水相比，這個價格真的不低。

在古代，取暖做飯的薪柴費和水費一樣，是日常生活的主要開支。因此，宋代便出現了「薪水錢」一詞，表示每月賺的錢主要用來交薪柴費和水費，看來宋朝也到處都是「打工人」。後來，薪水就成為薪資的代名詞，沿用至今。

33 古人為什麼分桌吃飯？

王老師小時候在看電視劇《三國演義》時，總感覺古人吃飯很「傲嬌」，都是一人一桌分開吃，而且還要端端正正地跪坐於桌前進食，真替古人感覺累。古人為什麼分桌吃飯呢？又是什麼時候開始共坐在一張桌上吃飯的呢？

分桌吃飯是一種分餐制，源於原始社會的飲食方式。那時候食物較少，獲得食物後要平均分配，大家一人一份，以確保每個人都能存活下去。進入農耕社會後，儘管食物充沛了，但由於文化慣性，古人依舊延續了分餐傳統。分餐制在周朝被固定下來，成為一種禮制。貴族吃飯時，要正襟危坐於筵席之上，面前放置一個低矮的小餐桌，名曰「案」。案上放有食物，每個人的食物都是相同的，就像原始社會大家平均分配一樣。如果某人發現自己案上的食物比別人少，便會認為受到了怠慢甚至侮辱。《史記．孟嘗君列傳》記載了這樣一個故事：有一次，孟嘗君招待賓客吃晚飯，有個僕從不小心擋住了燈光，一個賓客就多心了，以為這是在掩蓋自己的飯食比別人少，站起來就要走。孟嘗君見狀，就親自端著自己的飯食走到賓客面前給他看，證明大家的飯食都是一樣的。那個賓客慚愧得無地自容，隨即自刎以謝罪。可以看出，古人不但講究食物規格，而且都很「要臉」。後來的秦漢和魏晉南北朝，基本也保持著這種分餐制傳統。

古人之所以採用分餐制，除了受上古傳統的影響，還跟當時人的坐姿有關。南北朝之前，中國沒有椅子和凳子，大家都是跪坐在筵席或榻上的（關於坐姿和筵席的問題，可以參看《古人原來這樣過日子》中〈古人見面為什麼要跪拜〉一篇）。古人很講究坐姿，必須是正襟跪坐，雙腿併攏、上身挺直，絕對不可以雙腿岔開、屁股著地坐著。古人稱隨意的坐姿為「箕踞」，是不雅和無禮的表現。孟子就差點因為坐姿的問題而和老婆離婚。《韓詩外傳》記載：一次孟子回家，開門發現老婆「箕踞」地坐在屋裡，孟子很生氣，提出要離婚。孟子母親得知後，批評孟子進門前應該先打招呼，喊一聲「老婆我回來了」之類的話，孟子不聲不響地進屋，是自己無禮在先，而不是妻子無禮。幸好有長輩及時地規勸，最終才避免離婚的悲劇。從此事可知，古人對坐姿非常在乎。

古人為什麼如此在乎坐姿呢？根據近代學者尚秉和的考證，先秦時沒有遮蔽下體的「合襠褲」，大家穿的都是開襠的褲裙，「箕踞」很容易走光，只有正襟跪坐才能讓裙襬遮住下體。而正襟跪坐時，身體行動不便，吃飯時只能搆到眼前的飯菜，所以一人一桌。

南北朝時期，受胡人的影響，國人的坐姿發生了變化。胡人生活在草原，蚊蟲遍地，如果跪坐地上滿屁股都會是包。那胡人坐在哪兒呢？坐在馬紮上，稱為胡床、胡椅，傳入中原後演化為椅子。另外，胡人日常騎馬必須穿合襠褲。這種合襠褲在中原流行開來後，人們就不必正襟跪坐防走光了。隨著椅子和合襠褲的流行，國人保持了上千年的坐姿發生了變化，從原來的正襟跪坐，演變為垂足而坐——屁股坐在椅子上，雙腿下垂著地。這種坐姿符合人體工學原理，非常舒服，很快就流行開來。然而在當時，坐姿的變化還引起了不小的爭論。在南朝的劉宋時期，就曾爆發過一場士大夫維護跪坐，反對僧人「踞坐而食」的爭執。保守派反對這種不合

▲ 唐墓壁畫《宴飲圖》

▲《韓熙載夜宴圖》（局部）

禮制的「踞坐」，將該問題上升到捍衛傳統文化的政治高度。但是，在人類追求舒適生活的渴望面前，再強硬的傳統文化也會遭到無情的拋棄。

坐姿的變化推動了餐制的變化，大家垂足而坐，行動就方便了，沒必要一人一桌了。唐朝時，中國人從分餐制過渡到合餐制。在唐代韋氏家族墓壁畫《宴飲圖》中，人們已經圍坐一桌吃飯了，坐姿各異。壁畫中的椅子是長形的，有點像長條凳，但明顯要矮許多，還保留了秦漢時期榻的特點。大家盤腿坐在長形凳上，也有單腿下垂的，看起來舒適愜意。

在五代十國時期的名畫《韓熙載夜宴圖》中，有一人一桌的，也有幾人一桌的。坐姿也各不相同，有的垂足落地坐在椅子上，有的在床榻上盤腿而坐。這個時期不同的坐姿和餐制混合，說明當時仍處於從分餐制向合餐制過渡的階段。

到了宋朝，桌椅高度和今天已相差無幾。中國人徹底告別了跪坐時代和分餐制，完全進入了合餐制。在《清明上河圖》中，描繪的吃飯情景已經和今人別無二致。直到今天，圍著一個大桌吃飯依舊是中國人的飲食傳統。從分餐制到合餐制，伴隨的是古代家具、坐姿、觀念的變化，也是胡漢文化的融合，最終也體現了儒家思想的「和」、「同」觀念。

34 古人如何下館子？

今人下館子喝酒，只要你有錢，隨便點就是了，大不了照著菜單上一遍。古代酒樓的服務方式與今天很不一樣，接下來我們以宋朝為例，教教大家如何去酒樓下館子。畢竟萬一穿越回去，吃飯喝酒這種事咱可不能露怯。

酒樓行業興起於隋唐，繁盛於宋朝。在《清明上河圖》所描繪的汴京街景中，酒肆鱗次櫛比。宋朝的酒樓分為兩種：「正店」和「腳店」。二者的區別在於是否有釀酒權。宋朝官方掌握國營釀酒坊，同時也允許民間釀酒，但需要獲得官方授權，並且只能從官方購買釀酒用的酒麴。擁有釀酒權的酒樓便是正店，其餘的大部分酒樓沒有釀酒權，它們要麼從國營釀酒坊進貨，要麼從正店進貨，統稱為腳店。通俗

▲《清明上河圖》裡的正店

地講，正店相當於今天的「旗艦店」，腳店則是「加盟店」。

走在汴京的大街上，你一眼便可認出哪些是酒樓。除了皇宮，裝修最豪華的便是酒樓，尤其是那些正店，很高很顯眼。其中最著名的酒樓名叫樊樓，樓高三層，下面還有兩層石砌臺基，總高度有五層樓。這個高度在古代非常了得，周圍街景一覽無餘，但是樊樓內的西側房間是不能開窗眺望的，因為西面就是皇宮了。吃飯之餘，還想順便看看皇帝家的「直播」？這是絕對不允許的。

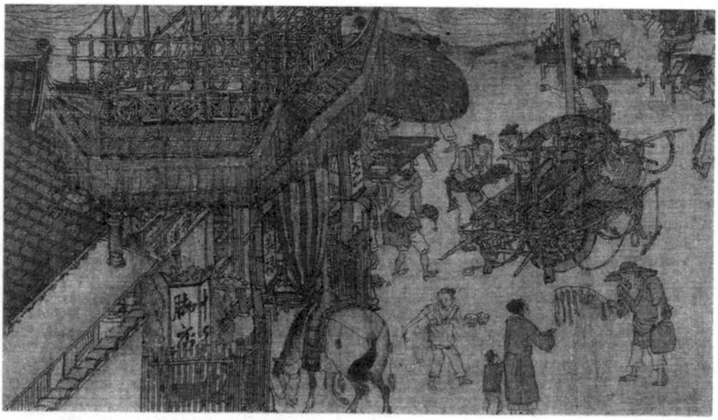
▲《清明上河圖》裡的腳店

酒樓不僅高，門面裝飾也非常「豪橫」。門前用長木杆搭起與樓齊高的「綵樓歡門」，每一層搭出山形花架，裝點上花鳥飾物，再在簷下垂掛絲綢流蘇，精巧又華麗。酒樓門口或屋頂上，還掛著高聳的「望子」，又稱「青帘」或「酒旗」，多用青白布製成，上面寫有酒樓的宣傳廣告，很遠便可望見。此外，高檔酒樓大門兩側還會裝一排木質柵欄，用來攔擋行人和車馬，這種特製的柵欄被稱為「欋馬叉子」，宋代以前只有官府門前能用，可見宋代酒樓的牌面之高。

走到酒樓門口，千萬別慌，裝作常客的樣子，穩當地走進去。門口會有兩個帥氣的小廝招呼你，相當於今天的門童迎賓。他倆「頭戴方頂樣頭巾，身穿紫衫，腳下絲鞋淨襪」，俯首躬腰將你引導到座位。如果你想體會市井的熱鬧，坐在大廳就好了。大廳裡有很多張大小不一的桌子，名曰「座頭」。如果你想和朋友邊吃邊聊點私事，那就上樓上的「閣兒」，也就是包廂。

入座後，先來服務的是「過賣」，即點菜的夥計。過賣很有眼力，而且記憶力非常好。幫你點完菜後，他會將所點菜品一次性傳唱給「鐺頭」，即廚師長。二人配合十分默契，所有菜品只需傳唱一遍即可。接下來，專管點酒的酒保會過來為你服務。和今天不一樣，宋代高檔酒樓裡菜和酒是分開點的，過賣和酒保各司其職，保證服務的專業性。

酒菜點完，稍息一會兒，「行（ㄒㄧㄥˊ）菜者」就會為你上菜。這些行菜者端菜可是絕活，左手捧三個碗，右臂展開能托二十個碗，並且保證不會上錯。高檔酒樓對服務品質的要求極高，假如菜名報錯或菜上錯桌了，行菜者會被扣薪資甚至開除。菜上來後，就要輪到「量酒博士」出場了。雖稱博士，但他們並非學者，只是負責打酒、量酒、篩酒的服務生。博士是大家對他們從事專業的尊稱。上酒菜的過程中，過賣也不會閒著，他們會觀察桌上的菜品變化，不斷為你換菜。當你舉杯飲酒時，會為你換上「細菜」，也就是開胃小菜。換完細菜後，高檔名菜就會壓軸上場，讓你整場飯局的吃喝很有層次感。

宋朝酒樓裡還有很多閒散的編制外服務生，比如「閒漢」，長年在酒樓等待為顧客提供有償跑腿服務的機會。如果你想加點外面的菜品，閒漢就會幫你去買，相當於今天的送餐小哥。從中可以看出，宋朝酒樓的經營之道很是大氣，並不會「謝絕自帶酒水」。

酒到酣處，有人助興嗎？當然有。宋朝酒樓為了提供全方位的服務給顧客，允許歌妓在酒樓賣藝，時人稱為「趕趁」。常見的賣藝項目是彈唱，另外還有吹簫、彈阮、鑼板、散耍等。客人們在品嘗美酒佳餚之時，「隨意命妓歌唱，雖飲宴至達旦，亦無厭怠也」。

▲《清明上河圖》中的外賣小哥

古今人心是相通的，孔子講「食色性也」，今人說「世間唯有美食與愛不可辜負」。人性中最渴求的兩件美好事物，宋朝的酒樓都能夠滿足你。

35 古代的高檔飯局有哪些菜？

何謂高檔飯局？王老師認為應滿足兩個條件：一是參加飯局的人非富即貴，二是菜品一定要高檔且考究。真正的高檔飯局，平民百姓很難見識到。但沒關係，我們可以在歷史中體驗一番。接下來，王老師就帶大家回到唐朝去參加一場高檔飯局——燒尾宴，看看古代的高檔飯局都吃些什麼。

唐朝的燒尾宴，要麼是進士及第後的答謝，要麼是官員升遷後宴請同僚。至於為何叫燒尾宴，說法有很多。一說虎化為人，只有尾巴不化，所以必須燒掉才得人形；二說新羊進入羊群會被其他羊排擠，只有燒掉尾巴才能融入群體；又說魚躍龍門，必須雷電燒其尾才能化身成龍。燒尾宴的文化意義類似於升學宴或者升官答謝宴，為今後的仕途打下人際關係基礎，並提醒當事人今後夾起尾巴做人。

參加燒尾宴的人都是達官顯貴，皇帝本人有時候都親自參加，所以菜品極盡奢華。景龍三年，韋巨源官拜尚書左僕射（官位相當於宰相），於是在家設燒尾宴來答謝唐中宗。

這次宴會的菜單被記錄下來並流傳千年，是現存唯一的唐代燒尾宴菜單。該菜單共列了五十八道菜品，最難能可貴的是在每一道菜品後還附有用料及製作方法。接下來，大家準備好面紙，隨時擦拭從嘴角流下的口水。

單籠金乳酥：一種麵食，用料中加乳脂，出籠後色澤金黃，酥香可口。類似今天的千層酥之類。

御黃王母飯：用粟米精製成黃米飯，將肉脂與各種物料組合的「雜味」澆在上面。

通花軟牛腸：羊骨髓加上其他佐料灌入牛腸，蒸煮而食。這個有點像內蒙古肉腸。

光明蝦炙：把活蝦放在火上燒烤，使其光澤鮮明透亮。這個很像今天日料理的鹽烤大蝦。

金銀夾花平截：取蟹黃、蟹肉夾在蒸卷裡面，然後切成大小相等的小段。類似蟹肉春捲。

冷蟾兒羹：即蛤蜊羹，冷卻後涼食。

素蒸音聲部：儘管是一道麵食，但技法要求高，要用麵粉塑蒸製成一個七十人樂隊的形象。

昇平炙：烤羊舌和烤鹿舌三百條，拌而食之。估計這道菜一定很好吃，畢竟原材料都那麼貴。

清涼臛碎：是用狸肉做成羹，凝固後切碎涼食。這個菜類似肉凍，做法近似東北皮凍。

暖寒花釀驢蒸：用酒及作料浸泡驢肉，然後上籠把肉蒸爛。如果用茅台酒蒸，想必味道會更好。

湯浴繡丸：用肉末和雞蛋做成肉丸子，如繡球狀，然後加湯煨成。這個就是今天的獅子頭湯。

紅羅丁：用牛羊奶脂加雞血丁製成的冷盤。類似今天鴨血之類的血製品。

蔥醋雞：先把雞蒸熟，然後用蔥、醋等作料拌食。這道菜的味道估計和白斬雞很像。

遍地錦裝鱉：以鱉——甲魚為主料，配以鴨蛋黃和羊油烹製而成，出菜時還會加上華麗的點綴。

五生盤：將羊、豬、牛、熊、鹿五種動物的嫩肉切成細絲，調味後生食。不過，吃這道菜時可得小心寄生蟲。

分裝蒸臘熊：將熊掌或熊肉製成風乾臘肉，然後蒸熟而成。當然，這道菜在今天肯定會被禁止。

水煉犢：清燉整隻小牛，要求「炙盡火力」，把肉燉爛。可見古代的高層人士是能吃到牛肉的。

天花：也可寫作「畢羅」，源自西域，是一種包有餡心的麵製點心，用天花菜做餡料。

雪嬰兒：將青蛙（田雞）剝皮去內臟，黏裹精豆粉煎貼而成。色白如雪，形似嬰兒，故得名。

巨勝奴：酥蜜寒具，所謂「寒具」類似於今天饊子一類的油炸麵食，和麵時加入了蜂蜜和羊油。

篇幅有限，我們只能介紹燒尾宴五十八道菜中的一部分新奇菜品。朋友們且將口水擦乾，我們再來說說這些菜品所體現的歷史訊息。

首先，這些菜體現了唐朝的胡風特色。與傳統的中原王朝不同，唐朝發源於關隴集團，是南北朝後期胡漢融合的產物。李唐皇室本身就有很重的鮮卑族血統，因而飲食文化上帶有很重的胡風，特別是在上層社會。「胡食」以羊肉為主料，輔以奶乳和油脂，重燒烤，重原味。燒尾宴中的很多菜品是胡漢美食的結合，體現了當時開放、包容的社會風氣。其次，燒尾宴還體現了中國南北飲食文化的碰撞與交融。南方盛產的水產品頻繁出現，比如螃蟹、蛤蜊、甲魚等。至於菜品裡的熊掌，則可能來自東北。

了解完唐朝的燒尾宴，估計有的朋友也看餓了。儘管可能吃不到所有的菜品，但至少現在我們知道了，飯局想高檔一點其實也不難，比如點一份麻辣燙外賣，再加份魚丸。

36 古代的軍糧長什麼樣？

軍糧影響著一場戰爭的勝負成敗，關乎國家的生死存亡。自古以來，歷代統治者和軍事家都非常重視軍糧事務。「兵馬未動，糧草先行」、「兵無糧草自散」、「朝廷不差餓兵」，這些治兵名言都是對軍糧重要性的詮釋。那麼，古代的軍糧具體長什麼模樣呢？

在古代，軍糧的種類和老百姓口糧的種類基本一致，但由於軍糧需要經歷長距離的運輸，因此有兩個特殊的要求：儲存時間要長，運輸負擔要小。古代最常見的軍糧是粟，即小米。例如《史記．平準書》記載：「匈奴數侵盜北邊，屯戍者多，邊粟不足給食當食者。」原因一是古人有以粟為主食的傳統，二是粟的保存時間要長於其他糧食。《舊唐書》記載「粟可藏九年」。隋朝滅亡二十年後，留在長安的存糧還可以食用。

一個軍人每天能分到多少軍糧呢？《漢書》記載：「合凡萬二百八十一人，用穀月二萬七千三百六十三斛，鹽三百八斛。」也就是說，每個士兵每月能分到二斛多的粟米作為軍糧。漢代的一斛即一石，相當於今天的二十七斤。平均下來，一個士兵每天需要二斤多的粟米。這裡的粟應該是還沒有去殼的，去殼後只剩下原來七成左右。算下來，每個士兵每天能吃到一斤半左右的小米。這個分量只能讓士兵勉強吃飽，因為那時候沒有其他副食，一天的能量全都靠這些小米補充。士兵們將小米和挖到的野菜放到一起煮，煮成很稠的菜粥喝。條件好的士兵還會放點肉糜，類似今天的皮蛋瘦肉粥。粥裡還要放鹽，所以除了糧食，古代的軍糧還要供應鹽，大約每人每月一斤。

古代也有用白米做軍糧的。公元前三〇八年，秦國大將司馬錯率領十萬巴蜀士兵討伐楚國，攜帶了六百萬斛白米。兩千多年前的軍糧就有白米了，可見天府之國的富裕。唐宋時期流行吃麵食，大餅成為軍糧。相傳，陝西的「鍋盔餅」就是古代的軍糧，因形似士兵的頭盔而得名。宋朝時，地方城市負責製作乾糧、麻餅等軍糧。士兵還能分到茶、酒、大醬等副食品。

明朝萬曆年間，日本入侵朝鮮，明朝出兵援朝。有關軍糧的文獻中多次提到米和豆，這些應該就是明軍的主要軍糧。這裡的豆指黃豆，在古代主要用於應急救荒，可推測明軍的軍糧供應情況比較緊張。中國紅軍長征時期，士兵也曾以黃豆為軍糧。央視節目《開學第一課》曾講到，紅軍士兵一天只吃一粒黃豆維持生命，這著實讓人佩服。

在清朝統一準噶爾的戰爭中留存了大量關於軍糧的文獻記載。清軍的軍糧分為「行糧」

和「坐糧」。行糧發給士兵，坐糧發給士兵家屬，由當地官府負責發放，目的是讓軍人無後顧之憂。行糧主要包括粟米和炒麵。這裡的炒麵，不是蘭州牛肉麵館裡的炒拉麵，而是麵粉經過炒製後得到的粉狀乾糧，有點像今天的油茶麵（編按：即麵茶粉）。吃炒麵的時候，需要配合喝水才能下嚥。炒麵易於保存和食用，但口感較差。在抗美援朝戰爭中，中國志願軍依然在吃這種炒麵軍糧，即著名的「炒麵配雪」。

古代軍糧很少有肉，一般只有軍中舉行宴會時士兵才能吃到肉，即所謂的「八百里分麾下炙」。這是因為糧食的運輸比較麻煩，需要大量的運輸工具，保存不善還會有大量損耗。針對這個問題，清軍想了一個妙招——趕著牛羊到前線做軍糧。因此，在清軍的軍糧分配中，粟米、炒麵和牛羊肉各占三分之一。兩隻羊抵一個月口糧，一隻牛抵三個月口糧。相比於明朝的萬曆援朝戰爭，清朝在對準噶爾戰爭中的軍糧供應還是比較給力的，這也是清軍能夠獲勝的重要保障。

古代戰爭動輒數萬人，一打就是幾年，消耗的軍糧數量驚人。這麼多軍糧來自哪裡呢？

條件允許的話，可以就地屯田，徵召前線附近的軍民耕種。這一招可以吃糧不求人，曹操當年就是用這招稱霸北方的。如果前線條件不允許，那就只能從內地運輸糧食到前線軍區了。運輸軍糧是一項很龐大的工程，既要配備運輸的車船，還要建設交通道路和徵發大量的民工。隋朝當年開通大運河，目的之一就是為征討高句麗的戰爭運輸軍糧。

為了調動民間力量運送軍糧，古代政府還頒布了一些專項扶持政策，比如鹽引制度。每向邊疆軍區運送一次軍糧，政府就會給運輸人一些「鹽引」作為獎勵。鹽引是民間販賣食鹽的特殊許可證。鹽在古代是國家專賣商品，民間不得擅自經營，但其利潤非常高，因此很多商人為了獲得鹽引而主動為國家運輸軍糧。這實際上是用經濟槓桿來解決軍糧運輸問題。

古代戰爭的勝負，軍糧補給往往是關鍵。比如三國時期的官渡之戰，袁紹實力遠在曹操之上，但曹操偷襲了袁紹屯糧的烏巢，最終成功逆襲。相比之下，古代的遊牧民族就少有軍糧問題的困擾，因為他們要麼打到哪搶到哪，隨時隨地補給，要麼就是攜帶便攜式軍糧。成吉思汗時代，蒙古軍隊就食用特殊的壓縮牛肉乾軍糧——布勒刺。一頭牛的精華紅肉經過風乾、撕碎、沖壓之後，被塞進一個牛膀胱袋裡。一袋布勒刺夠一個士兵吃三十個禮拜，蒙古軍隊從布勒刺的準備數量上就可以估算出本次出征可以動員的軍隊數量。依靠這種壓縮軍糧，蒙古軍隊從黑龍江一路征服到了多瑙河。

文化篇

古人上學都學些什麼？

37

古代的報紙長什麼樣？

近年來，隨著行動網路的發展，報紙行業遭到了前所未有的衝擊，甚至有人斷言，在新媒體時代，報紙最終會走向消亡。那麼，在古代，看報紙的人多嗎？古代的報紙長什麼樣？這一篇我們就來聊聊這個話題。

中國最早的報紙是唐朝出現的「邸報」。邸報中的「邸」字，原意是高級官員的住所，即官邸。唐朝中後期，地方藩鎮的節度使勢力強大，為了方便與朝廷溝通，節度使紛紛在都城長安設立辦事機構。這些辦事機構的正式名稱為「進奏院」，簡稱「邸」，類似於今天大陸地方政府的駐京辦事處。邸的負責人稱為「邸吏」，相當於駐京辦主任。他們代表節度使向朝廷呈遞各種奏章，接收和代傳朝廷下達的文書，辦理地方需要和朝廷各部交涉的事務。

另外，邸吏還要負責一項重要任務——蒐集朝廷和都城的各種政治消息，如皇帝到哪兒視察、皇帝下達哪些重大旨意、高級官員的任免情況等。邸吏會把這些情報整理成書面報告發送給節度使，稱為「進奏院狀」，俗稱邸報。

到了宋朝，中央集權加強，進奏院受中央政府管理，對朝廷負責。宋朝的進奏院相當於今天中國的新華社，邸報相當於《人民日報》。為了加強對邸報的管理和對輿論的引導，宋朝還形成了「定本制度」。這一制度要求邸報的樣本必須先報送朝廷，經過朝廷審查後形成定本，然後再抄發給各級官員，進奏院是無權修改定本的。邸報的審查，一般由樞密使或宰相負責，這反映出宋朝政府對邸報的重視。

宋代的官員很喜歡看邸報，一來可以獲知重要的政治信息，二來可以滿足好奇心。蘇軾在〈小飲公瑾舟中〉中就曾寫道：「坐觀邸報談迂叟，閒說滁山憶醉翁。」可以想像，宋朝官員的下午生活可能就是一杯茶水配邸報，相當愜意。

由於宋朝有嚴格的定本制度，邸報的新聞內容受到了很大的限制。邸報只能報導六類新聞：皇帝詔旨、皇帝動向、官吏任免、臣僚奏章、軍事情報、刑罰公告。像自然災害之類的負面新聞，邸報是不允許報導的，因為古人信奉天人感應，災異代表著上天對皇帝的警告。報導這個，相當於變相批評皇帝。其他的像奸人、凶殺、貪官等方面的新聞也是不能報導的，這些都屬於社會「負能量」。一些敏感的軍事信息及與鄰國交往信息也是不能報導的，防止洩露軍事機密。換句話說，宋朝的邸報只能報導「正能量」的新聞，還不能涉及政治敏感話題。

邸報作為古代的官報，其受眾群體主要是官員階層，一般老百姓對其興趣不大。說到這裡，王老師不由得想起了電影《耳朵大有福》中的一個片段：退休工人王抗美到擦鞋鋪裡閒逛，鋪內有很多報紙供顧客閒看，王抗美特意詢問是否有《人民日報》，裝成自己是幹部的樣子。古往今來，閱讀官報都是官員階層特有的愛好。為了滿足廣大人民群眾的新聞趣味，宋代還出現了一種民間「新媒體」——小報。

最初的小報，大多是官員及其家屬製作，以進奏院的官員居多。他們都是「消息靈通人士」，能接觸到一些官方不便公開報導的內部消息，將這些消息手抄成小報傳送，有點像今天的手抄報。這種手抄小報廣受民眾喜愛，於是有人開始以製作和售賣小報為業，小報也從手抄報變成了雕版印刷報。為了獲得一手新聞，小報行業還出現了「探官」這

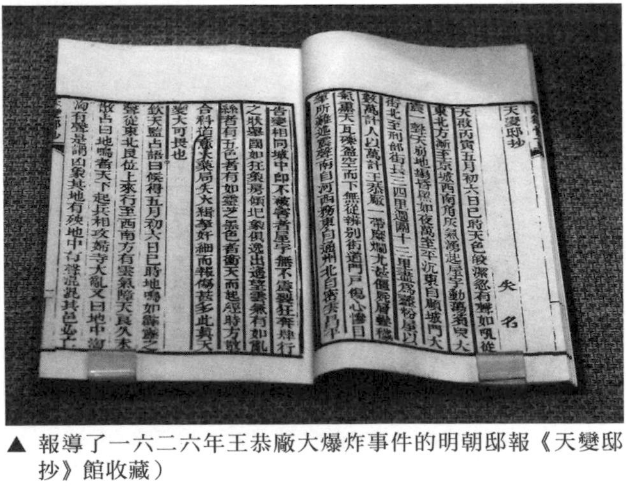

▲ 報導了一六二六年王恭廠大爆炸事件的明朝邸報《天變邸抄》館收藏）

職業，相當於今天的記者或狗仔隊。

小報的內容十分廣泛，除了轉發邸報的重要消息外，還會報導一些朝廷洩露出來的敏感新聞，或提前報導官方還未公開的新聞，或者是街頭巷尾熱議的「有意思」新聞，可讀性極強。由於小報不需要接受官方的審核，所以報導的時效性極強。時人形容小報是「日出一紙」——剛發生的新聞，第二天就會見報，甚至有學者認為，在小報的運作過程中，「新聞」作為專業的名詞才真正出現。

小報內容廣、發行快、可讀性強的特點，使其成為官民皆宜的「新媒體」。但是，小報自誕生之日起就被官方視為非法出版物，官府屢屢對其查禁，卻又屢禁不止，甚至越禁越熱。到了南宋時期，小報的發行呈現出鼎盛狀態。宋史學者程民生在論述宋朝小報的歷史意義時說：「以前的禁令沒有發揮任何作用，小報依然有著旺盛的生命力……（宋朝）實際上的新聞自由度還是比較大的。」

如果能穿越歷史的時空，行走於大宋朝的繁華市井，你會聽到「已有小報矣」、「小報到矣」的叫賣聲不絕於耳。掏出幾個銅板，買份小報，配上抹茶，享受這陽光明媚的午後時光。不要懷疑，這就是一千年前宋朝的日常生活。

38

古人是怎麼出書的？

一九九〇年，小說《百年孤寂》的作者馬奎斯到訪中國。當看到街頭的書店、書攤到處都在賣他的盜版書，這位諾貝爾文學獎得主可氣壞了。據說他放下狠話，稱自己死後一百五十年內不授權中國出版他的作品，尤其是《百年孤寂》。的確，對作家和出版社來說，最害怕的就是盜版。古代也有盜版書嗎？古人是怎麼出書的呢？這一篇我們就來聊聊古代的出版行業。

在雕版印刷術出現之前，圖書的複製全靠人工抄寫，這就是歷史上的「寫本時代」。在漢代，專門以抄書謀生的人被稱「傭書」。東漢軍事家班超早年家貧，就靠抄書贍養母親。他們或受僱於人，或自己抄完再拿到市場上出售，這就是中國圖書出版業的源頭。私人抄本沒有版權概念，所以寫本時代的圖書多是「盜版書」。當時也有一些官方編撰的正版書，漢朝的蘭臺就是官方的圖書編纂機構。對於一些經典書籍，官方還會將其內容刻在石碑上，供大家抄寫和勘校抄本的謬誤。這其中最著名的便是漢朝的熹平石經，官方將《論語》等七部經典刻在了四十六塊石碑上，可視為最早的正版教科書。

唐朝貞觀年間，雕版印刷術發展起來，歷史進入「刻本時代」，真正意義上的圖書出版業開始出現。雕版又稱刻版，操作時先將文字刻在木版上，印刷後裝訂成書。「出版」的「版」字，本意即古代的刻版。這種刻本圖書從唐朝一直流行到近代，興盛了一千三百多年。有的朋友可能會疑惑：宋朝的畢昇不是已經發明了活字印刷術嗎，為什麼後來流行的仍然是刻本圖書呢？這其實是大家一直以來的一個誤解，活字印刷術在古代的實際作用一直被誇大了。活字印刷的印書質量遠不如刻版，且漢字太多，挑字排版很麻煩，在古代使用極少。中華人民共和國成立後出版的《北京圖書館善本書目》，一共收錄了古代圖書一萬一千多部，其中屬於活

▲ 印刷用的雕版

▲ 畢昇活字版復原模型（藏於中國國家博物館）

字印本的只有一百五十餘部。

古代的刻版圖書分為三種——官刻、私刻、坊刻。所謂官刻，是指官方刻版印刷的圖書。私刻就是私人出錢刻版印刷的圖書，這種書多是學生出資為老師刻版印刷，或是子孫為長輩刻版印刷。對古代圖書行業影響最大的，當數坊刻圖書。

所謂坊，即書坊，是專門編輯、刻版、印刷、售賣書籍的商業部門，類似於今天的民營圖書公司。本書簡體中文版的出版策劃公司讀客文化在古代就應叫作「讀客書坊」。書坊在唐朝就已出現，繁榮於宋朝，鼎盛於明朝。有學者粗略估算過，明朝共有四百多家書坊，集中在江南地區，尤以南京、蘇州、杭州為多。

書坊採取的是完全的市場化經營，多是前店後廠，前面賣書，後面刻版印刷。什麼書好賣，書坊就刻什麼書，市場性很強。什麼書最好賣呢？查看當下的圖書暢銷榜，排在最前面的往往是小說。古代的情況也如此，小說最好賣。清人金纓在《格言聯璧》中說：「賣古書不如賣時文，印時文不如印小說。」比如《三國演義》和《水滸傳》，在明朝也是印了一版又一版。可惜古代沒有版權意識，作者一毛錢的版稅都拿不到。

儘管沒有版稅收入，但古代的作家可以透過「約稿」賺錢。明朝後期，很多文人兼職做暢銷書作家。比如參加應天府鄉試失利的凌濛初，為了賺錢，就應了書坊的「約稿」，編纂了針對通俗市場的小說集《初刻拍案驚奇》，結果大賣。幾年後，他又寫了續集，稱為《二刻拍案驚奇》。所謂「二刻」是指第二次刻版，即為續集之意。再比如明朝小說家許仲琳，沒錢為女兒置辦嫁妝，就潛心數月寫了一部長篇玄幻小說，給女兒當嫁妝。女婿把書稿拿給書商看，書商大喜，認為此書必定會大賣，遂重金購得，這部書就是《封神演義》。

▲古代的書坊（出自仇英《清明上河圖》）

古代書坊也深受盜版困擾，好不容易出版了一本暢銷書，市場上很快就會出現盜版翻印。宋人因此有了版權意識，刊印圖書時會在書中加一頁「牌記」，即版權聲明。比如《東都事略》的牌記就寫著「眉山程舍人宅刊行，已申上司不許覆板」。這與現在圖書版權頁上寫著的「版權所有，翻印必究」是一個意思。

古人為了賺錢，也會出版一些「跟

風書」。福建建陽是這種圖書的集散地，占據了明清廉價圖書市場的頂端，時稱「閩刻」。萬曆年間，小說《西遊記》橫空出書，一時間洛陽紙貴。建陽有個書坊主叫余象斗，敏銳地嗅到了神魔題材小說的市場需求，立即跟風創作了小說《北遊記》和《南遊記》，又從別處買來了一本《東遊記》的版權，加上盜版的《西遊記》，拼湊出一套《四遊記》。由於《西遊記》良好的市場反響，《四遊記》也跟風大賣，余象斗賺得盆滿缽滿。

古代圖書的價格怎麼樣呢？唐朝之前，都是抄本書，價格比較昂貴。《山堂肆考》記載，唐朝宰相元載買一卷（本）書花了一千文，相當於當時平民一週的收入。換算到今天，相當於買一本書花了人民幣一千元。

▲ 古代的書坊（出自徐揚《姑蘇繁華圖》）

刻版印刷普及後，圖書的價格大幅降低。《書林清話》記載，北宋蘇州刻印《杜工部集》一部十冊，售價一貫，每冊圖書大約一百文。可以看出，宋朝圖書的價格僅為唐朝抄本的十分之一，大約折合今天人民幣一百元，普通人也能買得起。到了明朝，書坊已經完全採用市場化經營，市場競爭激烈，圖書價格只會更便宜。別忘了，當時還有便宜的建陽「閩刻」圖書呢！

39 古代女子能上學嗎？

中國古代有許多文化水準超群的才女，例如「古代四大才女」——卓文君、蔡文姬、上官婉兒、李清照。古代沒有男女平權的概念，女子的教育權不受重視，才女是如何學到這麼多知識的呢？古代女子的受教育情況是怎樣的呢？這一篇我們就來探討一下這個話題。

中國古代是典型的男權社會，女子的社會活動一直受到限制。在這一社會背景下，女子教育與男子教育是分開的，形成了古代獨特的「女教」模式。《禮記．內則》對男女教育分別做了詳細明確的規定：男子可以「出就外傳，居宿於外」，也就是能外出求學，以便學到更多的知識；女子則要「姆教婉娩聽從，執麻枲，治絲繭，織紝組紃，學女事以共衣服」。可以看出，女子是沒機會到外面讀書的，只能在家跟女教師學習，內容多是針線、紡織、刺繡等手工勞動課。儘管古代的「女教課程標準」是這樣要求，但在現實教育中，女子教育的內容還是頗為豐富的。

家庭教育是女教的起步。對古代女子來說，母親是自己的第一任老師。唐朝的女子教育書籍《女論語》中就寫道：「訓誨之權，實專於母。」很多古代的文獻也記載了母親教授女兒知識的情形，如明朝女詩人桑貞白在其詩集《香奩詩草》的自跋中就寫道：「幼荷嚴母庭誨，日究女訓列傳經史，以明古今。」古代男子擇偶往往傾向於德才兼備的，特別是大戶人家的女兒。李清照的母親就出身於書香門第，其祖父是宋仁宗天聖八年的狀元。

除了父母教育，有錢人家還會為女兒聘請家庭教師。古代流行「姆教」，這裡的「姆」不是保姆，而是指家庭女教師。《說文解字》解釋：「娒（同『姆』），女師也。」姆的選擇也是有標準的，要選「年五十無子，出而不復嫁，能以婦道教人者」。家庭女教師不光要有較高的道德水準，年齡上還要在五十歲以上，不能有改嫁經歷。古代女子也有家庭男教師，多會選擇年齡偏大一些的中年老大叔，一是大叔成熟穩重知識多，二是避免發生師生戀。《牡丹亭》中，杜麗娘的家庭男教師就是一個死板的老學究。《紅樓夢》裡的賈雨村，也是因給林黛玉做家庭教師而攀附上了賈家。

古代的女子教育都教些什麼呢？

首先是道德教育，為女子講三從四德，配合使用《女論語》、《女孝經》、《女誡》、《列女傳》等女教教材。所謂三從，「未嫁從父，既嫁從夫，夫死從子」，就是要讓女子聽話順從。所謂四德，是指婦德、婦言、婦容、婦功四項標準：婦德的核心是「貞順」，即貞潔和順從；婦言，就是要說話得體；婦容，就是要乾淨端莊，不能妖豔；婦功，就是要學會一些勞務技能。

其次是文化教育，學習文史知識。士大夫家庭的女兒要讀大量的文史著作，還要學會寫文章。唐朝的墓誌銘中就有很多相關記載，如一位崔氏女子就被稱讚「善筆札，讀書通古今」，而另一位周氏女子則「獨喜圖史，好為文章，日夜不倦，如學士大夫」等等。另外，大戶人家的女兒還要學作詩填詞，唐宋時期眾多的女詩人就是這樣培養出來的。《紅樓夢》裡也有此類教育的體現，如林黛玉和薛寶釵的文學創作能力就絲毫不遜色於男子，「海棠詩社」的詠詩也極為熱鬧。

最後，古代的女子教育還會傳授一些「女子職業技能」。例如胎教方法，教女子如何在未來做一個合格的母親。諸如《雙節堂庸訓》等女教書籍則教育女子要樹立正確的婚戀觀，要選擇才德兼備的男子，不可以只看錢財，要選厚德之家。還會進行婚姻法律教育，告訴你休妻的「七出」和「三不出」，幫你今後規避此類風險。另外，母親還會傳授一種獨家祕笈，比如教妳做女性用品「月事帶」。總體來說，古代的女子教育內容廣泛，但以德育為主。首要目的是把女子培養成乖寶寶和賢內助。文化教育和技能教育，則被看作是

▲ 古代女子讀書（出自《仕女讀書圖》）

應付日常家務和女德教育的輔助手段。

那古代的女子到底能不能上學？答案是能。古代女子不僅有家庭教育，還有社會教育。大戶人家的私塾，可以讓女童入學，男女同塾的模式在明清並不少見。在明朝嘉靖年間，有官員還提出開辦女塾的設想，但最終未能實現。清朝建立後，女塾出現並在全國推廣。

古代還有一種特殊的女子藝術學校，這就是唐宋時期的教坊。教坊專門教授女子學習音樂、舞蹈、雜技等技能，學員今後從事官方的演藝事業。宋朝的教坊還培訓出了「女團」，被稱為「女弟子隊」。著名的有菩薩蠻隊、感化樂隊、拋球樂隊、佳人剪牡丹隊、採蓮隊等。以今人的審美看，這些女團的名字似乎有點土。然而在一千年前，這可是最時尚的娛樂團體，是那個時代的「BLACKPINK」。（**編按：BLACKPINK 為韓國的女子偶像團體。**）

40 古代學生都學些什麼？

中國人自古就重視讀書和教育，「書中自有顏如玉，書中自有黃金屋」。古代學生的教科書都有哪些呢？他們的讀書順序又是怎樣的呢？這一篇我們就來整理一下。

古人讀書和上學也講究循序漸進，也分學制階段。根據《漢書．食貨志》記載，漢朝的學制分為「小學」和「大學」兩個階段。與今天不同，當時讀小學的年齡是八至十五歲，相當於中國今天的義務教育階段，學習基礎文化知識和基本禮儀規範。讀大學的年齡則是十五歲以上，相當於今天的高等教育階段，「學先聖禮樂，而知朝廷君臣之禮」。

古代的小學又稱蒙學，入學稱為「開蒙」，學生稱為「蒙童」。蒙童剛入學時，要先學識字和寫字。今人教兒童識字時會用到「識字卡片」，這種教具在古代也有。古代老師會裁剪出一些四五公分見方的紙片，紙片的正面寫上一個字，背面再寫上另一個與之同音的字，比如「文」和「聞」、「張」和「章」，以此讓學生辨認與識記。教識字的時候，老師會根據學生的認知能力安排教學進度，不會一味地求快、求多。一般情況下，一天所學在十字之內，三五字也可。識字的同時，也要試著學寫字。在宋代有「蒙學教育大綱」之稱的《訓蒙法》記錄了古代蒙童學寫字的情況：

「寫字，不得惜紙，須令大寫，長後寫得大字；若寫小字，則拘定手腕，長後稍大字，則寫不得。予親有此病也。寫字時，先寫『上大』，二三日，不得過兩字，兩字端正，方可換字。」

可以看出，古代蒙童在識字階段，寫的字都比較大，這樣便於孩子掌握字的間架結構。每天最多學寫兩個字，直到寫好了再換兩個字。那麼，最先學寫哪些字呢？唐朝開始，寫字都是從「上大人」篇開始的，即上段材料中提及的「上大」。這是由一些筆畫簡單的文字組成的短篇小文，內容為「上大人，丘（孔）乙己，化三千，七十士，爾（女）小生，八九子，佳作仁，可知禮」。古代讀書人的教育都是從「上大人」開始的，就像今人讀書先學拼音韻母一樣，因此形成了上千年的文化記憶。魯迅小說中的「孔乙己」，其名字就來源於此。直到今天，湘鄂渝地區還有叫「上大人」的紙牌遊戲。

學完了識字、寫字後，就要開始讀書了。最先讀的啟蒙教材是「三百千」，即《三字經》、《百家姓》、《千字文》。「三百千」的內容十分豐富，包含常識、歷史、文學、地理、音韻、道德倫理等諸多方面，既可以提高蒙童識字的效率，也可以積累一些文化常識，為今後的學習打下基礎。除了「三百千」以外，古代的啟蒙教材還有百科類的《小學紺珠》、常識類的《名物蒙求》、成語和典故類的《幼學瓊林》和《龍文鞭影》等。清朝還出現了朗朗上口的歌謠類教材《幼學歌》，裡面還有我們現在也頗為常見的「歷史朝代歌」：夏商周秦西東漢，三國兩晉南北朝；隋唐五代又十國，遼宋夏金元明清。

讀完啟蒙教材後，就要讀儒家經典的「四書五經」和其他諸子百家了。在科舉盛行的年代，這些教材才是讀書人的「主菜」。古代讀書人從小學的後半段一直到大學，甚至終其一生，都要學習這些教材。

第一輪先讀「四書」，相當於今天的主科「國語、數學、外語」，是必修課。按照朱熹由淺入深的要求，四書的學習順序為《大學》、《論語》、《孟子》、《中庸》。《大學》的內容相對簡單，講為人、為學的基本道理；《論語》可以給學習生涯立根本，儒家的主旨要義都在其中；《孟子》則能激發讀書人的昂揚鬥志，養浩然之氣，屬於價值觀教育；《中庸》講精微奧義，需要深入思考，是最難學的教材，所以放到最後。

第二輪是讀「五經」，學《詩經》、《尚書》、《禮記》、《周易》、《春秋》五部教材，建設更高階的世界觀。五經要比四書複雜得多，一個人很難精通五經的全部，所以古代讀書人往往專治一經至二經，即選擇一到兩門作為自己的主業，能精通一經就已經是大師了，比如秦漢的伏生專治《尚書》，東漢鄭玄專注《詩經》。漢朝的最高學府太學，設有五經博士，每一位博士只專研一經，相當於今天的大學教授。但古代也有強者，比如東漢的許慎，據說能治五經，相當於今人拿了五個博士學位，屬於「學神」級別。

第三輪讀史書和諸子百家。史書以官修史書為主，最經典的前四史即《史記》、《漢書》、《後漢書》、《三國志》是必讀書。司馬光編寫的《資治通鑑》也是必讀書。諸子百家的書籍更像今天的選修科目，憑學生的個人喜好選擇。但像《老子》、《莊子》、《韓非子》等經典著作，一般也在必讀之列裡。

古人讀書時有專門的參考書籍嗎？當然有。比如讀四書不能只讀原文，還要連帶著歷代儒學大師的注解一起讀，如朱熹所撰《四書章句集注》就是讀書人案頭必備參考書，相當於古代的「科舉教材全解」。古代還有講科舉應試技巧的參考書，稱為「房選」書籍。明人艾南英，專攻八股文的寫作技巧，選定高分範文並附上點評和技巧總結，出版成書，大受考生歡迎。

捋完了古代的學生教材，大家是否有種活在當下的慶幸？不過，可能也有人會喜歡古代的教材。儘管數量多了些，但至少沒有數學和英語。

41 古代有普通話嗎？

現代漢語的方言差異性很大，中國有七大方言區，每區之下又有若干方言小片區。漢語方言的差異，源於古人的分片聚居和跨區域移民。經過千百年的傳承與演變，形成了今天的方言格局。儘管方言差異大，好在今天有普通話，否則方言區之間的交流還真得用翻譯。那古代也有通行全國的「普通話」嗎？（編按：普通話是中國的現代標準漢語，以北京語音為標準音，以北方官話為基礎，以典範的現代白語文著作為語法規範，是中國官方推行的共通語，相當於臺灣的「國語」。）

還真有！古代的漢語標準音也稱「官話」，相當於當時的普通話，但在不同的時期，官話的發音也在發生著變化。

官話至少在周朝時候就出現了。分封制下，各個諸侯國相對獨立。割據狀態下，各個諸侯國語言交流相對封閉，發音差距越來越大，長此以往就形成了地域性的方言。《左傳》記載：「衛侯歸，效夷言。」衛侯曾被吳國扣留，回國後口音就變了，居然說起了吳國的「夷言」。這說明春秋時期衛國和吳國的方言發音差距很大，一聽就不一樣。

諸侯國方言各異，但彼此的交流又很密切，特別是在政治上都尊奉周王室為正宗，要定期朝貢，所以大家需要一種各國都能聽得懂的方言用作交際，「標準音」應運而生。到底用哪種方言作為標準音呢？這就是一個政治問題了，必須給「大哥」周王室留點面子，所以標準音只能用周王室的方言。周王室使用河南地區的「洛陽音」，洛陽話就成為了最早的普通話。

先秦時期的洛陽音，在當時被稱為「雅言」，因為它的發音被認為很優雅。漢朝時，洛陽依舊是文化中心，在東漢時期還成了首都，所以洛陽音作為標準音的地位在漢代得以延續。然而，洛陽音也分很多種，就像今天的北京話，既有京片子裡的「您猜怎麼著」之類的市井俗音，也有《新聞聯播》裡「觀眾朋友們晚上好」的官方標準音。當時最正宗的洛陽音是洛陽太學裡學生們讀書的聲音，被認為最文雅、最好聽、最標準，得名「洛陽讀書音」。

東晉十六國及南北朝時期，中國陷入數百年的大分裂狀態，漢語標準音也發生了分化，形成了北方的「洛陽音」和南方的「金陵音」。受到遊牧民族進入中原的影響，北方的洛陽音發生了一些變化。另外，大量中原漢人南遷，在金陵（今天的南京）建立了政權，把洛陽音也帶到了南方。根據史料記載，南方的原住民聽到這種北方語音後，瞬間陶醉，盛讚洛陽音「真香」，並掀起了學習熱潮。南遷貴族謝安，能用標準的洛陽音讀書，被稱為「洛下書生詠」，當地人爭相模仿，甚至連謝安因鼻炎而特有的鼻音也都一起學了。但是，語音的影響是雙向的，北來的洛陽音也受到了金陵本地吳語的影響，從而形成了一種全新的「金陵音」。今天，南京方言和江蘇其他地方明顯不同，更接近於普通話，這就是歷史上金陵音的影響。

隋唐時期，中國再次實現統一。儘管首都在長安，但文化中心和經濟中心則在洛陽，洛陽音依舊是漢語標準音，成為官話。如今去西安旅遊，經常會有導遊自豪地說「唐朝皇帝都講陝西話」，一張嘴就是「額們大唐」。其實這是一個誤解，唐朝的皇帝、大臣講的其實是洛陽音，並非長安音，更不可能是今天的陝西話。唐朝的長安音又稱「秦音」，當時上層社會認為其發音「很土」。武則天當政時期，有個大臣叫侯思止，他讀書少且不擅長講洛陽音。一次在朝堂之上，當他說到「豬」這個字的時候，沒有按照洛陽音讀「ㄉㄧㄛ」（音似「雕」），而是發出了秦音「ㄐㄩ」（音似「誅」），引得滿堂大臣一片哄笑。此事說明，說好普通話在當時很重要。

因此，一直到宋朝，漢語的標準音都是洛陽音，延續了兩千多年。宋朝之後，北方少數民族頻繁入主中原，並出現了元朝和清朝這樣的全國性政權。遊牧民族本不講漢語，但成為中原大地的統治者後，他們不得不學習如何講漢語。其發音到底「味道」如何，可以腦補今天外國人講漢語的樣子。但由於擁有政治優勢，統治者所講的「有味道的漢語」不可避免地影響著漢語的發音。此外，元明清三朝的首都都在今天的北京，洛陽在中原的「大哥地位」一落千丈，遠離政治中心的洛陽音逐漸在歷史中謝幕。

元明清三朝的官話是哪一種方言呢？元朝時北京稱大都，當時講幽燕地區（今天的京津冀加遼寧和內蒙古）的方言。這種方言再加上點蒙古語的味道，就形成了元朝的官話——大都音。明朝建立後，朱元璋又將官話改回金陵音。可沒多久，發生了靖難之役，朱棣上臺後遷都北平（後改稱北京），金陵音同大都音融合，形成了明朝的北京官話。清朝建立後，滿洲人入主北京，又在明朝北京官話中融入了滿語和東北話的味道，融合形成了清朝的北京官話。到清朝中期，北京官話已通行全國。中國人今天講的普通話，就源於清朝的北京官話。

那麼，今天的河南洛陽人講的方言是古代的洛陽音嗎？也不是，今天洛陽人所講的北方官話，和古代的洛陽音已大不相同。有的學者認為，今天的閩語和客家話保留了許多古漢語發音特點，因為他們是當年南遷的中原人。日語很多詞彙的發音和閩語很像，比如「未來」、「世界」等詞與閩語發音幾乎一樣。這可能是因為唐朝時日本學去了一些漢語詞彙發音並沿用至今，而閩語中又保留了許多唐朝漢語發音的成分，所以二者相似度極高。

42

古人如何學普通話？

王老師當年就讀於師範大學，畢業就有教師資格證，但拿證前須通過普通話等級測試。這可苦了那些南方同學，為了說好普通話，他們每天對著錄音機練習發音，還拉著我們這些普通話好的東北同學陪他們說話，糾正他們的方言發音。古人，特別是讀書人和官員也要學習普通話，即當時的官話。古代的技術條件不如今天，古人是如何學習普通話的呢？

首先，官方會編訂和發行漢語標準音的書籍，這種書籍在古代被稱為韻書，是常用的工具書，相當於那個時代的《國語字典》或《漢語詞典》。歷史上影響最大的韻書是隋朝陸法言主持編纂的《切韻》，但現已亡佚。宋人在其基礎上編撰的《廣韻》，是現存最重要的一部韻書。韻書用反切法為漢字注音，類似中國今天的漢語拼音。具體方法就是用兩個簡單的漢字相拼，取第一個字的聲母，取第二個字的韻母和聲調，拼出來的讀音就是該生字的讀音。比如「貢，古送切」，取「古」的聲母「ㄍ」，取「送」的韻母「ㄨㄥ」，拼出來就是「ㄍㄨㄥˋ」。韻書編訂後，其規定的讀音就成為了當朝漢語語音的國家標準，官方會以各種方式予以推廣普及。

其次，古代的學校教育都會盡量使用官話教學，對讀書人推廣普通話。唐宋以來的科舉考試，文章押韻皆以韻書為準，強化標準音的權威性。比如清朝康熙年間編纂的《佩文詩韻》，是清朝科舉考試的官方指定韻書，押韻和用典都要從這本書裡找依據。會講官話是古代讀書人的必備技能，也是識別知識分子的重要標誌。所以，古代的文盲一般沒法和讀書人爭論，因為一開口就暴露了文盲的知識水準，讀書人是懶得和他抬槓的。

最後，統治者會要求官員階層熟練掌握官話，以此作為官員是否勝任的標準。清朝時，官員必須會說北京官話，特別是那些想當大官的。因為你將來可能會面見皇上彙報工作，如果你操著一口方言，皇上聽不懂啊！雖說清朝皇帝文化水準較高，能說滿、漢、蒙古等多種語言，但面對中國龐雜的方言體系，他們實在招架不住。

儘管古代讀書人自幼學習官話，但有些地區的方言和官話差距太大，即便學了官話，講出來也不是那個味。就像今天的粵普、湘普、閩普，聽起來還是怪怪的。清朝時，皇上對於廣東人和福建人的講話最吃不消，完全聽不懂。雍正皇帝特意為此下發過諭旨，大意是說：「每次引見臣子，只有福建、廣東兩省的人仍然操著鄉音，說的話讓人聽不明白。這些人已經通過了科舉考試和吏部培訓，但是在大殿之上說話依舊說不清楚，這要是去別的省赴任怎麼能做好父母官呢？這可不僅僅是我聽不懂的問題，而是百姓聽不懂的重要問題！」

雍正皇帝對官員學習官話高度重視，將其重要性上升到治國安民的政治高度，地方政府自然不敢怠慢。廣東、福建兩地各級官府迅速落實整頓改革，掀起了一場大清朝的「學習官話運動」。為了加快讀書人和官員群體學習官話，各地政府紛紛辦起了「官話培訓班」，名為「正音書院」。福建開辦了一百一十二所，廣東估計高達上千所。書院多用當地駐防旗人任教，招收當地舉人和秀才學習。清廷甚至還規定了學成年限，以八年為限，如果學不好，學員將會被暫停科舉考試資格。

除了學校和培訓班教授官話外，古人還可以請家教學習，這種方式學習的速度較快。清朝有很多專門以教授官話為職業的老師，被稱為「官話

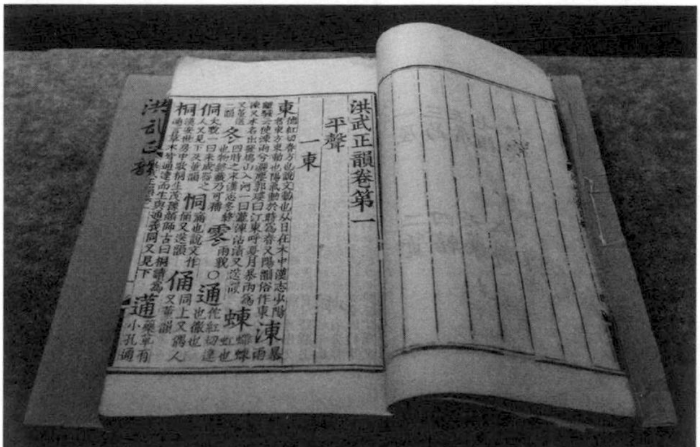

▲ 明代官方韻書《洪武正韻》（藏於中國南京博物院）

師」，類似今天的「普通話培訓師」。廣東地區的官話師多來自廣西桂林。這是因為桂林人多是明朝時從外地移民過來的，而移民大多擅長講官話。桂林人講的是西南官話，雖然跟北京官話比還是有一點差距，但比起廣東人講的官話還是好太多。

透過上述方式，古代的讀書人和官員群體都能一定程度地使用普通話。但是，對於人數眾多的普通百姓，講普通話還是太難了。由於清朝有官員任職的迴避制度——官員不能在本鄉任職，所以地方官一般不會懂本地方言，這就極易造成官民間的溝通障礙。這時候就只能用翻譯了。是的，你沒聽錯！同是漢語，不同的方言之間需要用翻譯來溝通。《六字課齋卑議》就記載過清朝政府的規定：「所有土話與官話歧異縣份，知縣到任，著延方言師一人。」這裡的方言師就是翻譯，是地方官到任時的標配。然而，用翻譯只能是權宜之計，為了更好地深入群眾，清朝政府還規定地方官要「每日從學土話二點鐘，成而止」。地方官必須學會本地的方言，對於那些在廣東和福建任職的父母官，真的有點吃不消啊！

43 古人如何學外語？

全球化的今天，說外語在中國已經司空見慣。在國際化大都市上海，甚至還有專門面向中國人的英語脫口秀表演，場面很是熱鬧。古代中國對外交往頻繁，民族關係密切，使用外語和少數民族語言的情況肯定也不少。那麼，古代有翻譯嗎？古人又是如何學外語的呢？

古代並沒有清晰的「外國」概念，普天之下，除了天朝，皆是番邦蠻夷。因此，古代的「外語」，既包括我們今天理解的外國語言，也指少數民族語言。《禮記．王制》中，稱翻譯北方少數民族語言為「譯」，這是翻譯一詞最初的概念。先秦的翻譯人才被稱為「舌人」，以舌頭謀生，這個名字倒是生動。

在外交事務和民族往來中，官方翻譯必不可少，否則，朝堂之上一個比畫一個猜，這也太有失天朝風度了。唐朝的官方翻譯被稱為「譯官」或「譯語人」。在中央，中書省和鴻臚寺負責外交事務，設有二三十名譯語。地方上，邊疆的官府也設有翻譯。唐朝社會比較開放且自信，政府多直接使用胡人做翻譯。胡人一般能掌握多種語言，天生就是當翻譯的料。比如安祿山，《舊唐書》說他「解六蕃語，為互市牙郎」，是做外貿翻譯兼中介起家的。現存文獻可考的唐朝「中書譯語」共有三人，全都是胡人。

受到安史之亂的影響，中原王朝對胡人的信任度降低。後世政府不再直接用胡人當翻譯，而是自己專門培養翻譯人才。宋朝時，朝廷啟用遼、金境內的歸順者進行外語教學。北宋有「國信所」，負責與遼國的外交事務，也負責培養翻譯人才，總共有三十二名翻譯。明朝設立「四夷館」，負責四夷往來文書的翻譯，並在此教習外語。內分八館，相當於八個外語專業。清朝沿襲了這一制度，只是將「四夷館」改稱「四譯館」，更加體現出外語教學與翻譯的職能。

古代還有很多僧人兼職做翻譯，因為他們要翻譯佛經。唐朝是佛經翻譯的鼎盛時期，代表人物是僧人玄奘。他從天竺取回梵文佛經後，「專務翻譯，無棄寸陰」，甚至拒絕了唐太宗請他入朝為官的要求。他用十九年時間，翻譯出了一千三百萬字的佛經。這麼大的工程量，一個人是不可能完成的，玄奘依託的是翻譯機構「譯場」，相當於當時的「外國語學院」。這裡不僅翻譯佛經，還教授外語。貞觀年間，譯場的人員編制達到了六百人。宋朝時，譯場改稱譯經院，設立在都城汴京。當時還出現了「外教」，印度僧人專門主持梵文教學。宋朝的外語教育也注意從娃娃抓起，宋太宗曾特意選拔五十名機靈的幼童送入譯經院學習。

從東漢到唐宋時期的佛經翻譯，是中國翻譯史上的第一次翻譯高潮。第二次翻譯高潮出現在明末清初，翻譯西方自然科學著作，如徐光啟與傳教士利瑪竇合譯《幾何原本》。第三次則是晚清民國時期，這時人們不僅翻譯自然科學文獻，還翻譯社會科學文獻，如啟蒙思想著作。第四次翻譯高潮在改革開放之後，各種國外學術著作和小說被翻譯成中文。這幾次翻譯高潮，開闊了國人的眼界，為中華文明注入了新的活力，有效地推動了社會進步。

除了官方翻譯外，古代也有大量的民間翻譯。他們多是邊境地區的邊民，或者是從事外

▲ 向乾隆皇帝朝貢的外國使團〔出自《萬國來朝圖》（局部）〕

貿生意的商人。邊民與胡人雜居，從小在雙語環境中長大，自小就會說外語。外貿商人經常與外族打交道，外語也是必備的職業技能。南宋商人陳惟安，長年在占城（今越南）做貿易，精通占城語。當占城使團出使南宋時，還聘請他做使團的翻譯。當然，這得到了南宋朝廷的批准。

明朝中後期開始，中國走向閉關自守，學習外語的風潮也沉寂下來。這一時期，很多西方傳教士來華，士大夫階層和他們多有接觸，倒是偶爾能學到一些外語。清朝時，出於國家安全的考慮，嚴禁中國人教授外國人漢語。如有發現，中國老師將會受到嚴懲。當時的外語學習，跟搞特務工作似的，甚至有生命危險。這絕非危言聳聽。嘉慶年間，英國人馬禮遜在廣州學習漢語，他前兩個漢語老師是中國人，二人教學時都隨身帶著毒藥，一旦被官府抓捕就準備自殺。

鴉片戰爭後，中國被迫打開了國門，開始融入世界。那時，外國人雲集的通商口岸出現了中國最早的英語學習熱，上海的「洋涇濱英語」在這一背景下產生。洋涇濱本是上海英法租界內的一條界河，後來代指租界。洋涇濱英語的發音都帶有漢語口音，文法也不太標準，聽起來怪怪的。

古代沒有音標，如何識讀外語單詞的發音呢？小夥伴們一定用過這樣一個土辦法：用漢字音譯為外語單詞注音。其實，這種土辦法古人也用，而且用了上千年。比如「南無阿彌陀佛」一句，本是梵語「Namas Amitābhā」的漢字音譯，原意為「皈命無量覺」。明朝的《華夷譯語》，就是一部用漢字為蒙古語單詞注音的詞典。清末的《洋涇濱英語手冊》中，還用漢語順口溜來教授英語句子發音，內容十分詼諧。比如清晨見面「谷貓迎」（good morning）、「好度由途」（how do you do）敘別情、一元洋鈿「溫得拉」（one dollar），自家兄弟「勃拉茶」（brother）。古人學英語的招兒還真不少！不要小看這些土味英語，這可是當時最時髦的「Chinglish」。

44 古代的護照長什麼樣？

隨著全球化的發展，越來越多國人走出國門，護照成為大家常用的一種證件。古代中國對外往來密切，也有類似護照的證件。比如《西遊記》裡，唐僧每到一國都要使用通關文牒，便是古代的護照。那麼古代的護照長什麼樣呢？

先秦時期，國人眼中的世界還沒有今日中國的範圍大，那時候的「出國」，頂多是諸侯國之間的「跨省往來」，或者是出關到遙遠的西域地區。那時的人們並沒有護照，只有一些特殊的出行憑證。最早的出行憑證是「節」，其形制是一根長棍子。漢朝的節由八尺長的竹子製成，長約一點八公尺。節的上半部分繫有節毛，漢節有三重毛，秦節是兩重毛。節毛一般要用蜀郡的犛牛尾製成，就是今天藏區的犛牛。節毛長而鬆軟，看起來非常漂亮。秦朝崇尚黑色，節毛便是黑色。漢朝崇尚紅色，節毛也就用紅色。

戰國以前，任何人都可以使用節。除了官吏外，更多是走南闖北的商人出行時使用。到了秦漢時期，節成了皇家專用，只有奉皇帝命令出使的人才能用節。因此，奉命出使的人被稱為「使節」。張騫出使西域時持節，蘇武出使匈奴時也持節。《漢書》中記載，蘇武被扣押在匈奴王庭後，時刻手持著漢節牧羊。日久時長，節毛都脫落了，就剩下光禿禿的木棍了。使者在危難之中仍保留漢節，是忠於漢王朝的表現，這便是「氣節」、「節操」等詞語的出處。

最初，人們用節時還要配有輔助的文書，常見的有「符」和「傳」。符的形制可一分為二，一半為使用者持有，一半為管家保存。兩半相合可驗證真假，漢語「符合」一詞便來源於此。大家熟悉的虎符也是符的一種，主要用於調兵憑證。「傳」的形制更像證件，上面有字，寫有持節者的姓名、目的地、所帶物品等資訊。只有持節人的情況和傳上記載資訊相一致時，關隘守衛才會放行。秦漢時期，節成為了皇家專用信物，「傳」便脫離了「節」，成為了單獨使用的一般出行憑證。

古人用傳，分為公事和私事兩類，類似今天的因公護照和因私護照。公事用傳，沿途驛站要提供車馬和飲食保障；私事用傳，沒有沿途服務，而且審核程序特別

▲ 戰國時期青銅虎節（藏於中國國家博物館）

嚴格。申請人要先向鄉級官員提出申請，鄉級官員需要確認此人沒有涉及司法案件，沒有拖欠賦稅、躲避徭役等情況，然後再報送到縣級相關的主管官員那裡，縣級最後審核簽發。這就像今天辦理因私護照也需要無犯罪記錄一樣。《睡虎地秦墓竹簡》記載了傳的使用規則：持傳人在出行途中，每經過一個縣，該縣都要查看傳上的封印，然後加蓋本縣的封印。今天過海關也要在護照上蓋章，可見傳在秦漢時期已經具備了護照的特徵。

在傳的基礎之上，漢末又出現了出行憑證「過所」。過所的本意為「所過之處」，古人出行每過一地都要經過核驗並封印，因此而得名。過所一直沿用到唐宋時期，《西遊記》裡唐僧所用的通關文牒，指的便是過所。然而，歷史上真實的玄奘法師並沒有獲得過所，因為當時唐朝正在準備與突厥開戰，實行了嚴格的封邊政策。玄奘屢次申請過所都未獲批准，他最後是偷渡去天竺的。

明朝實行海禁政策，限制對外貿易，只有同藩屬國的朝貢貿易還在維持。朝貢貿易有時間和地點的限制，來華人員還要持有明朝政府頒發的勘合文書，故又稱勘合貿易。藩屬國中有兩個國家較為特殊：一是朝鮮，二是琉球。明朝政府對這兩個國家給予了足夠的信任和優惠，不需要明朝政府頒發的勘合文書即可來華，但使者需要證明自己的身分，所以琉球政府就自行頒發勘合文書。勘合文書相當於當時的護照，上面資訊豐富，有使團負責

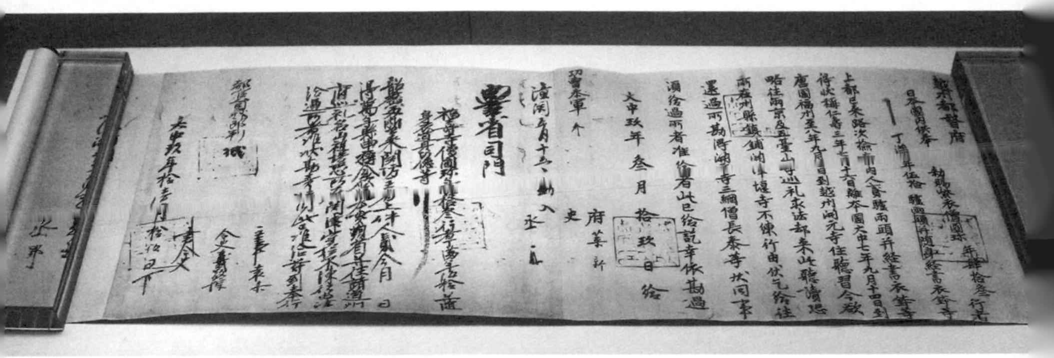

▲唐朝時期的過所（藏於中國國家博物館）

人的姓名及隨行人數，有所帶貨物種類、數量和所乘船隻信息，還有目的地和簽發時間。同今天護照上的編號一樣，勘合文書上也有編號，如成化年間的一份勘合文書為「地字一百二十五號」。

值得注意的是，琉球國頒發的勘合文書上還有一段請求保護的聲明文字，如「經過關津把隘去處及沿海巡御官等，驗實即便放行，毋得留難」、「承自諭遣在途，毋得遲滯不便」等。當今很多國家的護照上也有類似的請求保護聲明，中國護照上寫的是「中華人民共和國外交部請各國軍政機關對持照人予以通行的便利和必要的協助」。可見，勘合文書和今天護照很相似了。

清朝前期繼續實行閉關鎖國政策，民眾鮮有機會從海上出國。只有北方陸地和沙俄接壤，民眾才偶有到俄國經商的機會。中俄《尼布楚條約》為此規定：兩國人民如持有「路票」，准其在兩國境內往來貿易。這種「路票」便是當時的護照，在條約的拉丁文本和俄文本中，「路票」的外文用詞就是護照。

中國現代意義上的第一張護照，誕生於一八七七年。當時，清政府為解決華工被誘騙出國問題，與西班牙簽訂了《會訂古巴華工條款》。條約中規定，出國者須先向口岸的海關申請執照，送交西班牙領事館簽字，再發給申領者。此種執照的正面用中文寫明持照者的姓名、年齡、原籍、體貌特徵以及擅長何種手藝、係何人之子等有關內容，並載有執照的號碼。從此，中國人有了真正的護照。

45 古人是如何旅遊的？

旅遊是今人熱衷的一項活動，不僅能放鬆心情、開闊眼界，運氣好的話，途中還能結交到朋友，甚至邂逅生命中的另一半。其實，古人也很熱衷於旅遊，這一篇我們就來聊聊古人是如何旅遊的。

古代的交通條件遠不如今天，旅遊難度較大，並不是每個人都能有一場說走就走的旅行。古代的旅遊人群主要有三類：第一類是文人士大夫，他們有錢有時間，且興趣雅致，喜好寄情於山水與名勝；第二類是商人群體，他們走南闖北，行商途中可欣賞沿路的秀麗風光，在某些著名景點也會流連逗留；第三類群體是城鎮居民，隨著唐宋之際市民階層的崛起，老百姓旅遊也逐漸多了起來。

古人旅行用什麼交通工具呢？首選是船，不僅安穩舒適，還方便裝載行李。另外，船艙裡還可以睡覺，相當於開了一輛房車，省去了大筆住宿費用。不便行船的地區，人們會選擇馬車出行。如果喜歡兜風，乾脆就騎馬走，沿途策馬奔騰，非常颯爽。有的小夥伴可能會擔心費用，畢竟古代養馬費用很高。沒關係，古代有出租馬匹的服務。《東京夢華錄·雜貨》記載「假賃鞍馬者，不過百錢」，租馬跑一程只需要一百元錢。如果就想窮遊也可以，那交通工具就靠雙腿了，具體能走多遠則看你的體力。

有了交通工具，我們就出發吧。古人最愛去三類旅遊目的地，一是旅遊城市，二是自然山水，三是古蹟古城。古人如何獲取這些旅遊目的地資訊呢？古代有專門的旅遊書籍，相當於今天的旅遊手冊。如南宋王象之編撰的《輿地紀勝》，書中分地區介紹了各地風土人情和名勝景物。明代的旅遊圖書更加貼心，不僅記錄旅遊景點，還詳細介紹交通路線、客棧住宿情況，甚至連價格參考都寫上了。此外，明代還有專門的旅遊地圖，如《廣輿圖》、《皇輿考》、《今古輿地圖》等，甚至有專門介紹某一地區景點的旅遊圖，如《北京八景圖》。

除了看旅遊手冊找景點外，古代也有「網紅景點」受到追捧。詩詞在古代口耳相傳，流傳範圍很廣，那些被詩人熱情謳歌過的景點，很快就會成為熱門的旅遊打卡勝地。其中，黃鶴樓最具代表性。始建於三國時期的黃鶴樓，本是用於瞭望的軍事設施。到了唐朝，黃鶴樓聲名大噪，成為了旅遊勝地，這歸功於詩人崔顥流傳千古的〈登黃鶴樓〉一詩：「昔人已乘黃鶴去，此地空餘黃鶴樓。黃鶴一去不復返，白雲千載空悠悠。」李白也不遺餘力地為黃鶴樓宣傳，寫下了「故人西辭黃鶴樓」、「黃鶴樓中吹玉笛」、「手持綠玉杖，朝別黃鶴樓」等詩句，真的懷疑李白是不是收了當地官府的「代言費」。唐朝以後，黃鶴樓已然成為詩人的聖地，民間百姓也紛至沓來，想要一睹詩中風采。

到了旅遊景點，住宿和吃飯方便嗎？非常方便，古代就有景區服務了。泰山腳下的景區服務被明末清初的張岱詳細記載進了《琅嬛文集》。一到景區，客棧的迎賓人員會在數里之外的路口迎接你，幫你牽馬到客棧。這場景如同今天的民宿老闆在高速公路出口等你。客棧的規模很大，服務設施完備。門口有十多間馬廄供遊客使用，相當於免費停車場。門口的另一側，還有「妓館十數間，優人寓十數間」。美景與美女相伴，旅遊和娛樂相生，古人也很會玩。至於住宿和餐飲服務，那更是賓至如歸，張岱記載道：「客有上中下三等，出山者送，上山者賀，到山者迎。客單數千，房百十處，葷素酒筵百十席，優傒彈唱百十群。」

想必有人會關心一個問題，那就是古代的旅遊景點收門票嗎？還真收！那些著名的或是需要人工建設的旅遊景點，古人也會收取門票。以明朝時的泰山為例，門票叫作「山稅」，每人「一錢二分」。這裡說的應該是銀子，明朝的一錢二分銀子大約是雜役一天的薪資，相當於今天的人民幣一百多元。這門票價格真的不低啊！泰山在古代也是國家級熱門景區，史料記載明代泰山「平均每天遊客八九千，春天旅遊高峰時每天有兩萬人」，一年的門票收入至少可達二三十萬兩。難怪張岱感嘆道：「山稅之大，總以見吾泰山之大也。嗚呼泰山！」

古人旅遊也會聘請導遊。宋代的大城市裡，都有一群稱為「閒漢」的人，他們了解本地風土人情，且能說會道、知情逗趣，專門陪富家子弟遊玩宴飲，還會陪外地官員到城裡辦公務。古代文人出行還願意與僧人或道士結伴，請他們做嚮導。「士大夫利與僧遊，以成其為雅。」怪不得在電視劇《康熙微服私訪記》裡，康熙出遊時都帶著法印和尚。另外說一句，宋代官員和富人旅行，還有帶著官妓伶人陪遊的。

需要注意的是，古人旅遊不都是「傻玩」，有的士人還會在途中進行科學考察，這便是古代的「科考遊」。特別是在明代，文人士大夫慢慢屏棄宋明理學的空談，逐漸投身到經世致用的科學考察事業中，在旅遊活動中結合科學研究。最為傑出的便是徐霞客，他在旅遊中探索大自然的奧祕，在山脈、水道、地質和地貌等方面的研究都取得了非凡的成就，其著作《徐霞客遊記》既是旅遊名篇，又是地理巨著。

人生在世，身體和靈魂總要有一個在路上，否則，生活就真的跟「臭鹹魚」沒有區別了。古人的生活並不迷茫，他們早在千年前就找到了靈魂應該追尋的方向，那便是詩和遠方。

46 古代有哪些「網紅景點」？

上一篇我們聊了古人是如何旅遊的，那麼他們常會去哪裡遊玩呢？這一篇，我們就以宋代為例，聊聊古代熱門的旅遊城市，看看古代的「網紅景點」有哪些。

首都自古就是第一旅遊城市，宋朝人也熱衷於去都城汴京一睹首善之區的繁華。去汴京可以逛上元節燈市，其場面非常熱鬧，很多文人墨客都流連忘返。詩人沈溝就寫道：「車馬笙簫千里至，樓臺燈火九衢通。香輿軋軋凌風駛，粉袂翩翩照地紅。」燈市不僅可以看燈，還可以看人，詩人周邦彥就寫道：「衣裳淡雅。看楚女、纖腰一把。簫鼓喧，人影參差，滿路飄香麝。」滿街都是小姐姐身上香薰的味道，連空氣都是甜的。

除了逛燈市，還可以去皇家園林轉轉。看到這裡，肯定有人會質疑：老百姓也能進宮苑禁地嗎？當然能，至少趙宋皇帝沒有壟斷美景，而是將其與民眾分享。比如最著名的金明池和瓊林苑，都會在每年的三月初一到四月十八期間向民眾開放。要知道，這一個多月可是最佳的黃金旅遊季。金明池本是訓練皇家水軍的地方，對外開放後，水軍訓練不但沒有停止，

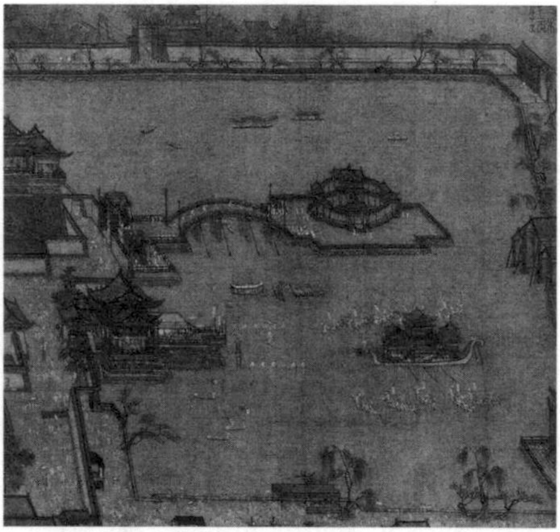

▲ 張擇端《金明池爭標圖》

還藉機向民眾表演。那場面，就像今天去環球影城看水世界表演。

古人旅遊也熱衷購物，汴京的旅遊購物中心在大相國寺，其盛況堪比今天北京的頂級百貨公司SKP。為什麼寺廟成為了購物中心呢？這源於古代的廟會習俗。南北朝以來，佛教盛行，大的寺廟會吸引眾多香客前來拜佛上香。人流多的地方就會形成市場，所以寺廟外圍商販雲集。久而久之，便形成了廟會這一特殊的商業形式。大相國寺是宋朝第一購物中心，是遊客到汴京旅遊的必到之處。也就是在這裡，十七歲的李清照遇見了二十一歲的趙明誠，二人後來喜結連理。

汴京附近的洛陽，是宋朝的又一熱門旅遊城市。洛陽最重要的旅遊資源是牡丹花，很多遊客慕名前來逛牡丹花會。宋代僧人釋惠洪在《冷齋夜話》中記載：「劉跛子，青州人，拄一拐。每歲必一至洛中看花，館范家園，春盡即還京師。」即便是拄拐的殘障人士，也要來洛陽看牡丹花，足見其吸引力。影視劇《情深深雨濛濛》主題曲中，描繪大上海的繁華為「車如流水馬如龍」。實際上，這句詩曾被司馬光用來形容洛陽花會的熱鬧場面。

杭州是南宋的都城，北宋時便是旅遊勝地。遊杭州必遊西湖，著名的西湖十景在宋代皆已形成。當時遊覽西湖的遊客眾多，甚至出現了組團遊。蘇轍在《龍川略志》中記載：「有祕書丞高者，尤驕縱不法，嘗自京師載妓妾數十人遊杭州。」遊客這麼多，杭州商人一定不會放過這難得的旅遊商機。為了吸引遊客消費，杭州酒商搞起了「諸庫迎煮」的行銷活動。所謂「迎煮」，就是新酒開賣儀式。各個酒庫都會派出盛大的送酒隊伍，除帶上佳釀外，還會僱用數十名絕色歌伎沿途表演，吸引遊客。逐漸地，這一活動演變成一種特色的儀式表演，成為宋朝的「網紅」活動，比今天杭州宋城的快閃秀還要有名。

上有天堂，下有蘇杭。宋代蘇州的旅遊熱度一點不低於杭州。蘇州的旅遊項目一年四季不重樣，范成大在《吳郡志》中記載：「春時用六柱船，紅幕青蓋，載簫鼓以遊，虎丘、靈巖為最盛處；競渡亦用清明、寒食；

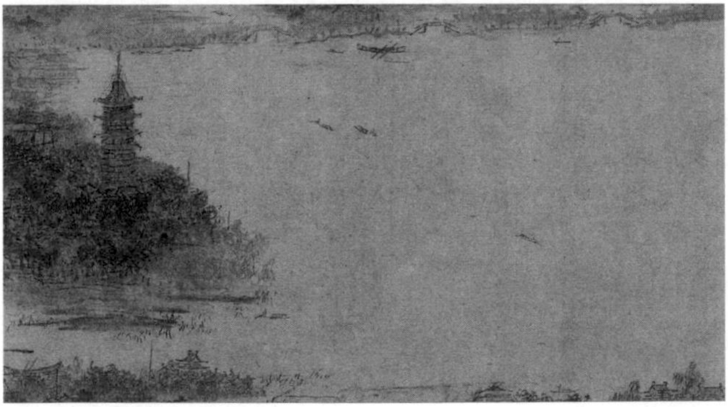

▲ 李嵩《西湖圖》（局部）

四月八日，浮屠浴佛，遍走閭里；夏至復作角黍以祭；七夕有乞巧會；重九以菊花、茱萸嘗新酒；十月朔，再謁墓；俗重冬至，而略歲節。」遊蘇州還可以去看私家園林，宋人比較大方，很多私家園林是對外開放的。也有園林主人頗具商業頭腦，對遊客收取費用，相當於賣門票。徐大焯在《燼餘錄》記載虎丘的一處私家園林「遊人給司閽錢二十文，任入遊觀，婦稚不費分文」。每人大約二十文的門票，小孩和女性免費，這導致「遊女獨多」。女遊客多了，還怕男遊客會少嗎？

最後再介紹一個宋代熱門旅遊城市——成都。成都的旅遊項目以「遊江」為中心，分為「小遊江」和「大遊江」。小遊江在二月二日，遊江距離較短，從萬里橋到寶曆寺，熱鬧程度略遜一籌。四月十九日在浣花溪上的「大遊江」則是盛況空前，莊綽在《雞肋編》中記述：「浣花自城去僧寺忘其名，凡十八里，太守乘彩舟泛江而下。兩岸民家絞絡水閣，飾以錦繡。每彩舟到，有歌舞者，則鉤簾以觀，賞以金帛。以大艦載公庫酒，應遊人之家，計口給酒，人支一升。至暮遵陸而歸。」今天的迪士尼樂園有花車巡遊，宋朝成都的大遊江相當於「花船巡遊」，所到之處還會贈送酒水。

看來，宋人不僅真會玩，而且還真的不差錢。

司法篇

古代的法律嚴苛嗎？

47 古代的監獄長什麼樣？

在甲骨文中，表示監獄的字有「圜」、「圉」、「牢」等。「牢」字的字形是寶蓋頭下加一個「牛」，表示其最初是關牲畜的地方，後來開始關人，便成了監獄。《韓非子》中稱監獄為「囹圄」，因此有了「身陷囹圄」的說法。後世又有「獄」和「監」叫法，直到清朝，「監獄」二字開始合用，一直沿用到今天。古代的監獄到底長什麼樣？在古代蹲監獄又是怎麼樣的一種體驗？這一篇，王老師就給大家詳細說說。

民國學者孫雄在《監獄學》中給監獄下的定義為：「監獄為執行自由刑之處所。」所謂自由刑，即剝奪受刑者自由的刑罰。中國古代沒有嚴格意義上的自由刑，多是肉體刑和勞役刑。從這個角度看，古代監獄和現代監獄並不是一回事。事實上，古代監獄並不是用來「蹲」刑期的，而是用來羈押犯罪嫌疑人候審的，其功能更像今天的看守所。

清朝的監獄分為中央監獄和地方監獄兩個系統。中央監獄包括京城的刑部監獄和步軍統領衙門監獄，都設置在京城。刑部監獄主要關押各地送來複審的死刑犯和其他重刑犯，可關押八百人左右。步軍統領衙門監獄主要關押在京犯罪的嫌疑人，一般設立在城門附近。除了皇帝走的正陽門外，其他八座城門皆有監獄。

另外，清朝還有兩個特殊的中央直屬監獄，即清宮劇裡常出現的宗人府監獄和慎刑司監獄。前者關押皇親國戚。同雍正爭過皇位的那幾個阿哥，最終都被圈禁在了這裡。宗人府監獄內的犯人吃喝無憂，每天有人伺候，只是失去了自由。慎刑司監獄主要關押上三旗內務府包衣和宮廷服務人員，太監和宮女最怕這裡。

接下來我們重點說一下清朝的地方監獄。畢竟，相比於中央監獄，地方監獄才更為常見。

清朝地方最大的行政級別是省，省下設府和縣，每個級別的行政機構都設有監獄。清朝的地方監獄一般就設置在官府大院內，比如縣級監獄就在縣衙裡。清朝監獄位置非常好找。清朝縣衙一般都是坐北朝南，從南門進入縣衙，正前方為大堂，右側是衙役辦公區，左側便是監獄區了，方位上屬於西側。為什麼一定放在西側呢？因為古人比較信風水，建築的規劃要符合天命觀。按古代天文學的理論，主管刑獄的是昴星，所謂「昴主獄事，典治囚徒也」，而昴星是主西方的，所以監獄也要設在縣衙的西側。

接下來說一下監獄內部的構造。監獄在縣衙裡是一個單獨的院子，四周圍牆高一丈四尺，合四五公尺。監獄內分為不同的監區，互相獨立。最外層是管理相對寬鬆的外監，關押候審的輕刑犯，比如小偷之類。裡面是裡監，也稱重監，牢門又矮又小，一般會關押候審的重刑犯，如殺人犯。每個監區有數間牢房，牢房裡都有一張大炕，可容納數人。另外，古代的監獄內還會設有一座獄神廟，裡面供奉著獄神。犯人入獄時和判決執行前，都要祭拜一下獄神，祈求神靈庇護或寬恕。《紅樓夢》中，賈寶玉等人就是被關在了獄神廟裡，也算是一種優待。

上古時代，倫理觀念淡薄，無論男女老少，所有犯人都關在一間牢房裡。民國學者芮成瑞說那時「獄內毫無紀律，男女姦淫，墮胎、嬰兒壓斃之風，公行無忌」。至少從漢朝開始，中國出現了專門的女監，最早關押的是後宮女子，這種皇家女監稱為「永巷」。劉邦的戚夫人就是被呂后關進了永巷，最終在這裡被折磨

▲ 清代平遙監獄的普通牢房

致死。清朝的各級監獄內部，都有專門的女監區，一般是在監獄大院內設立一個獨立的小院。女監區要有單獨的圍牆，不能與男監門對門。清朝還規定，女監區的院內要留一片空地，給女犯人上廁所用。為避免女性犯人受到侵犯，女監的大門一般是鎖著的。傳送飯食靠牆壁上的轉桶，飯食放在轉桶裡面轉進去，而且必須由老獄卒負責，擔心年輕人把持不住。

古代監獄起初不管飯，都由家人送飯。《避暑錄話》記載，蘇軾當年被陷害入獄，囑咐兒子蘇邁送飯不要送魚，因為送魚是判處死刑的暗號。一天，蘇邁因事無法送飯，委託朋友幫忙，但他忘了告訴朋友別送魚。恰巧，這位朋友就真的送了一條魚給蘇軾。蘇軾看到魚後萬念俱灰，當即寫下絕命詩並立遺囑。一條魚，嚇沒了蘇軾半條命。到了清朝，犯人的餐食改由國家負責。為防止獄卒剋扣犯人的餐食，負責獄政的提牢官還親自到監區檢查。然而，在具體執行過程中，由於各地情況不同，很難全部滿足。一般情況下，犯人家裡條件好的，由家人送飯。如果家裡條件差，監獄發給半糧。對於罪大惡極死有餘辜的，可能會不給飯吃。

儘管清朝監獄的條件有所進步，但犯人的死亡率依舊很高。監獄潮溼陰暗，密不透風，容易滋生病菌造成疫病流行。監獄內的獄卒也會層層盤剝，如果你家沒錢，便會遭到虐待。比如把你的髮辮繫在馬桶上，讓你成天抱著馬桶。最讓人恐怖的是刑具，犯人需要戴枷，兩塊厚木板合在一起鎖在脖子上。枷的重量有六七十斤，長期戴枷的犯人甚至會皮破骨露，非常恐怖。面對各種折磨，有的犯人還沒等到審判就已死在獄中。囚犯死了還不能從正門抬出來，古人忌諱衙門裡抬屍體出來，所以會特意在監獄的臨街外牆上修一個死囚洞。每當犯人死亡，屍體就順著死囚洞推出去，家屬在牆外領屍。

古代監獄如此恐怖，卻有一些犯人專門混牢飯吃，這便是牢頭獄霸。清朝文人方苞在《獄中雜記》中就記載了這樣一件事。一個獄霸因殺人入獄，與獄卒相互勾結，欺壓犯人，收取保護費。一年下來，竟收了幾百兩銀子，相當於普通人十年的收入。後來遇到大赦天下，他被釋放了，在家待了幾個月，又懷念起在監獄的日子，就冒名頂替一個殺人犯再次入獄。古代只要不是預謀故意殺人，一般不會被處決。兩年後，這名獄霸被判決流放，無法繼續在監獄裡混飯吃了。臨走時，他竟戀戀不捨，惆悵地嘆息道：「我這輩子再也回不來了！」對於惡棍來說，監獄也能成為天堂；對於順從的百姓而言，人間可能就是最痛苦的監獄。

▲ 明代蘇三監獄的死囚洞

48 古代的死刑多嗎？

在現代人的認知中，古代的死刑彷彿很普遍，甚至有些隨意。古裝劇裡，官員一言不合就會把人犯推出去斬了，可謂「殺人不眨眼」。不可否認，在古代的亂世和威權時代，死刑的確有些氾濫，草菅人命也並不少見。然而，在大部分的和平年代，古人對死刑的執行是非常慎重的，甚至殺人也並不一定償命。

中國自古就有「慎刑」觀，強調慎重使用刑罰，特別是死刑。除去特殊年代，政府都會盡量控制和減少死刑的數量。司法官員對死刑案的審判也是慎之又慎，往往要經過再三推敲，反覆案驗，以求「死中之生」。只要情有可原，都會「即開生路」。以唐朝為例，死刑案至少要「過五關」才能執行，即州縣初審、大理寺複審、刑部複核、皇帝裁決、複奏請旨。

這裡的複奏請旨是指死刑複奏制度。這個制度很有意思，死刑經過反覆審核後最終判決無誤，但執行前仍要請皇帝「三思」。在唐朝，死刑複奏一般是三複奏或五複奏。也就是說，犯人在執行死刑前，吏部官員要在皇帝面前「磨嘰」：「真的要殺嗎？」還不能一天「磨嘰」完，要隔天再「磨嘰」一次，直到皇帝多次肯定答覆後，這個犯人才會真的被處決。過程中，皇帝只要有一次動了惻隱之心，這個犯人就不會死。

在古代的司法實踐中，還有多種情況可以「殺人不償命」。

首先，特殊身分的殺人者可以免死。今天，未成年人犯罪不會判死刑，哪怕是殺人重罪。古代也有類似的規定，例如在唐朝，八十歲以上、十歲以下的殺人犯，基本不會被判死刑。今天的孕婦和哺乳期婦女不會被判死刑，古代也如此。另外，古代的殘疾人也不會被判死刑。

古人重視孝道，注重家族香火的延續，因此古代的獨生子也可以免死。如果死刑犯是家中唯一的男丁，則可以免死，留下來贍養父母和祖父母，這就是所謂的「留養承嗣」。幸好古代沒有計畫生育，在獨生子遍地的今天，如果繼續執行留養承嗣的規定，那基本就等於廢除死刑了。

古代的貴族和高官一般也不會被判死刑。流傳甚廣的「王子犯法與庶民同罪」的說法其實是蒙騙老百姓的政治口號。除了那些有「免死金牌」的人外，從唐朝開始還有所謂的「八議」之律，即八種犯人也可以商議免死。包括皇室宗親、前朝皇帝後代、三品以上官員、重大功勳者等。他們犯了死罪一般也不會被判死刑，除非謀反大罪。然而，八議之律在清朝就不管用了，雍正皇帝認為：「親故功賢等人，為朝廷所倚重，理當奉公守法，為士民之表率，絕對不能姑息縱容。」在維護法律尊嚴方面，四爺還真是個狠人！

其次，與受害者特殊關係的殺人者可以免死。明清法律規定，若子孫有毆罵長輩等不孝行為，長輩將其打死也不受處罰。即便子孫無重大過錯，長輩因為教育子孫而將其打死，頂多也只會被判杖刑或徒刑。古代丈夫殺妻並不會直接免死，但丈夫只要能證明自己並非故意殺害妻子，或者妻子有明顯過錯，比如出軌，就不會被執行死刑。

古代奴婢的地位很低，奴婢的命不是命。主人打死奴婢不會被判死刑，只是杖刑一百。唐、宋、元三代，良人殺死別人家的奴婢都不會被判死刑。奴婢的地位可謂「低到了塵埃裡」。歷史上有一個時期，中國大部分的漢人都淪為奴婢的地位，這就是蒙古人統治的元朝。在當時，蒙古人打死漢人只需要賠償燒埋銀，另外罰其參軍出征，並不會被判死刑。

再次，特殊原因的殺人也可免死。古代便有正當防衛的概念，比如婦女反抗強姦而殺死對方，只會被判杖刑五十下，還可以花錢免除杖刑。另外，因復仇的殺人也不會被判死刑，特別是子女為父母復仇。

最後，古代的「大赦天下」也會給死刑犯免死的機會。在古代，皇帝登基、更換年號、立皇后或太子以及遭遇天災的時候都會下令大赦天下，死刑犯便有機會被赦免或減刑。一般來說，故意謀殺罪不在赦免之列，但在實際操作中，經常會將全部罪犯都赦免。前篇講到的監獄裡獄霸的事例，就是因為大赦天下而使殺人犯被赦免釋放。《宋史》記載，後周時，陝州人范義超因私怨殺了鄰居一家十二口，陝州官員上奏「引赦當原」。最終，皇帝因其殺人太多而沒有赦免，但殺十二個人都敢請求赦免，足以說明古代赦免死刑的寬度有多麼大。

以上所述，便是古代「殺人不償命」的情形。在慎用死刑的觀念下，古代的死刑執行並不多。根據《中國古代死刑制度史》一書的統計，乾隆年間每年核准死刑二千四百到三千件，而實際執行的只有七八百件。這個人數在總人口中的比例，遠低於同時代的英國。換句話說，近代中國司法的死刑觀念並不比西方落後。死刑的慎用是對人權的基本保障，更是對生命敬畏的體現，根本上代表著社會和司法的文明與進步。

49 古代真的有「免死牌」嗎？

古裝劇裡常出現這樣一種反轉情節：某臣民犯下死罪，處決之前，家人突然拿出本朝先帝賜予的「免死牌」，將罪人從鬼門關拉回。古代真的有這種免死牌嗎？

還真有！免死牌的正式名稱叫「鐵券」，是一塊帶有銘文的鐵牌子，外形如弧狀的瓦片。有的鐵券銘文用硃砂填充，字體為紅色，所以叫「丹書鐵券」；有的鐵券銘文用黃金填充，所以叫「金書鐵券」；還有的鐵券本身就為黃金材質，因此有了「免死金牌」的說法。古代的鐵券一般一式兩份，一份放在太廟或宮中，一份發給受賜人。使用時，兩份鐵券能契合在一起，表明鐵券的真實性。

鐵券制度草創於西漢。漢高祖劉邦是草莽出身，靠著眾多老哥們的奮力輔佐才奪取了天下。當了皇帝後，劉邦給這些建國功勳許諾了許多特權，鐫刻在鐵券上，然後放在金盒子裡，藏於宗廟中。《漢書．高帝紀》記載：「又與功臣剖符作誓，丹書鐵契，金匱石室，藏之宗廟。」這是史書對鐵券最早的記載。文中，鐵券被稱為「鐵契」。「契」即契約，有盟誓承諾的作用。所以，漢初的鐵券本質是皇帝對功臣做出的盟誓承諾，相當於功臣的「榮譽證書」或「優待證」。然而，漢朝鐵券的各種優待中，並無免死的內容，也發揮不了免死護身的作用。司馬遷曾做過統計，漢初封的功臣有一百多個，到了漢武帝太初年間，這些功臣的後代就剩下五個還被「封侯」，其餘都「殞命亡國」了。可見，漢朝鐵券根本就無法免死。

到了唐朝，鐵券制度正式確立，鐵券的發放和使用變得制度化、規範化、程序化。這時候的鐵券才真正具備免死的作用。唐朝鐵券的銘文內容一般由四部分組成。

第一部分是賜鐵券的日期，受賜者的姓名、官爵、邑地，此為受賜基本信息。

第二部分記載受賜者的功勳業績，解釋為何能夠受賞鐵券。此部分多為誇獎讚美之詞。如唐僖宗賜給陳敬瑄的鐵券中寫有「卿五山鎮地，一柱擎天，氣壓乾坤，量含宇宙，戮奸能如剪草，除蕣更若焚巢」。聽上去簡直就是皇帝給大臣拍馬屁。這麼給你戴高帽，你還好意思不忠心事主嗎？所以，古代鐵券的首要作用是為了維護皇權統治。

鐵券的第三部分是核心內容，會寫明賞賜你哪些特權，免死的內容也在這一部分。一般會寫「或犯常刑，有司不得加責」——小罪隨便犯——以及免除死罪的次數。具體免幾次呢？受券者本人通常可免死七到十次之多，子孫後代還可以免死一到三次。

鐵券的最後是結束語，一般會有勉勵語，鼓勵受券者繼續報效朝廷。在這部分，皇帝會起誓發願，說些類似「山無陵、天地合」風格的誓詞，以保證鐵券長期有效。

宋、明兩朝沿襲了唐朝的鐵券制度，也做了一些調整。明朝鐵券的免死次數比唐朝縮水許多，最多只能免死三次，子孫後代一般只能免死一次。這說明君主專制制度在不斷加強，皇帝對大臣的駕馭更加嚴格了。

在古代，並不是有了免死鐵券就什麼罪都能免死，對於觸及皇權根本的謀反罪，歷代都不能免死。另外，鐵券制度本是皇帝制定的「遊戲規則」，但是中國古代皇權至上，皇帝經常破壞規則，再遇上不守信用的流氓皇帝，更會將免死制度玩弄於股掌，導致鐵券如同廢鐵。這種破壞遊戲規則

▲ 明代會川伯趙安免死鐵券（正面）

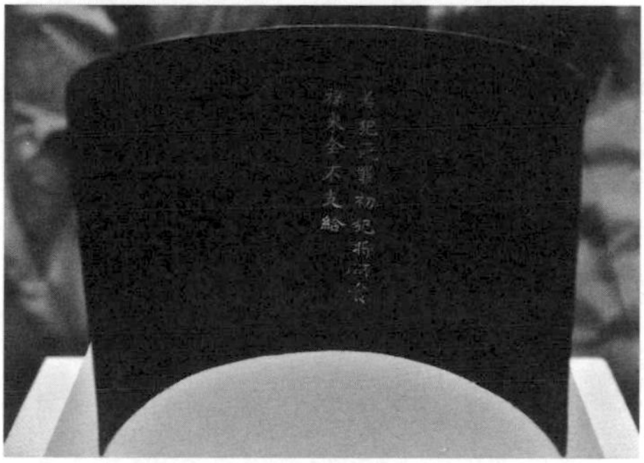

▲ 明代會川伯趙安免死鐵券（背面）

的現象，在明朝最為常見。朱元璋經常以莫須有為謀反的罪名屠戮功臣。李善長的免死鐵券本可免死兩次，朱元璋藉口他謀反，殺害其全家七十多口。再比如大將藍玉，也有免死鐵券，最終下場卻被「剝皮楦草」。朱元璋的兒子朱棣，跟他老爹一樣不守信義，經常藉故沒收大臣的免死鐵券。到了明朝中後期，鐵券更成了太監用來拉攏和打擊大臣的玩物。明武宗時，太監劉瑾的權勢很大，他不僅亂賜鐵券，而且還擅自收回先朝賜給功臣的鐵券。鐵券制度徹底被明朝太監玩壞了。因此，清朝建立後，廢棄了鐵券制度。有的清宮劇中，大臣也拿出了免死鐵券，這不是大臣「穿越」了，而是編劇無知。

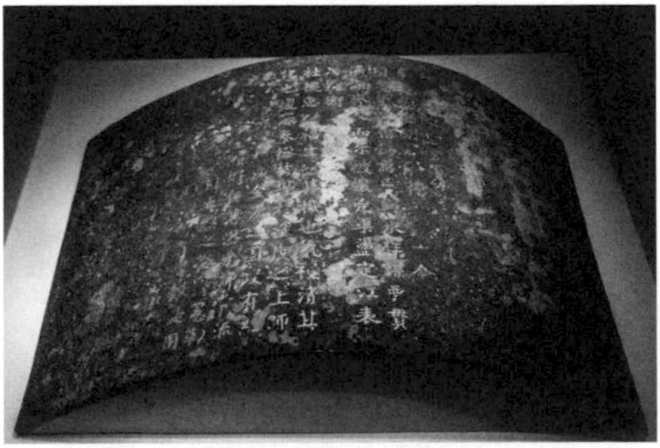
▲唐代錢鏐金書鐵券

在存世的鐵券中，最古老最著名的，當數唐朝錢鏐的鐵券。錢鏐當年平叛有功，被唐昭宗賜予免死鐵券。唐朝滅亡後，錢氏後裔一直珍藏此券。宋太宗、宋仁宗、明太祖、明成祖、乾隆帝都曾觀賞過此鐵券。明朝的鐵券，正是朱元璋參考了這個鐵券製作的。直到一九五九年，錢氏家族將其世代珍藏了一千多年的鐵券捐獻給國家，現藏於中國國家博物館。

50

古人犯法不用坐牢？

刑罰中常見的有死刑和徒刑，其中大部分刑罰最後執行的都是有期徒刑，就是我們俗稱的「坐牢」。古代也有徒刑，但是和今天不一樣，古代的徒刑並不用坐牢。

中國古代主要有「笞、杖、徒、流、死」五種刑罰，稱為五刑。徒刑是嚴厲程度次於流放刑和死刑的刑罰。《說文解字》解釋：「徒，步行也。」引申之意為勞碌奔忙之人。今天的徒刑是一種剝奪人身自由權利的「自由刑」，古代的徒刑則是一種勞役刑，也就是為國家幹活。

具體幹什麼活呢？秦漢時期主要有「城旦舂」和「隸臣妾」兩類。

城旦舂是徒刑中最重的一級。《漢舊儀》記載：「城旦者，治城也，女為舂，舂者，治米也。」可見，城旦是針對男性罪犯的徒刑，要修築城牆；舂是針對女性罪犯的徒刑，要給粟米脫殼。修城牆和舂米只是比較籠統的說法，實際上勞役的範圍很廣，比如充當國家兵工廠的工匠。考古工作者在出土的一件秦戈上曾發現過「工城旦」的銘文，說明這是一個被判處城旦舂的罪犯工匠製造的。

有人可能覺得這徒刑也太輕鬆了，大不了就是當民工出苦力唄！事實沒那麼簡單，秦漢時期的徒刑一般還伴有殘酷的肉體附加刑。比如「斬城旦舂」，就是要砍掉犯人的左腳趾。如果左腳趾已經砍掉，那就再砍右腳趾。還有「黥劓城旦舂」，黥是在犯人的臉上刺字，劓是割掉犯人的鼻子。只有「完城旦舂」一類是無附加刑的徒刑。《張家山漢簡》記載：十歲以下的兒童犯罪是不受刑罰的，唯殺人除外，殺人者要判處「完城旦舂」。可見，古代的未成年人犯了殺人罪也是要判刑的。

關於城旦舂的刑期，學界尚有爭論。多數學者認為最多是六年，也有學者認為是無期限的。城旦舂犯人的妻子和兒女會淪為奴婢，家產也會被沒收。可見，城旦舂的刑罰還是很重的。

漢文帝時代，對城旦舂刑罰進行了改革。一是廢除了附加肉體刑，二是刑期限定在二至五年。不再砍腳趾或割鼻子了，改為笞刑、鈦趾、鉗刑、髡刑等附加刑。笞刑是用藤條抽打犯人的身體，一般打五百下，對於行刑的人也是體力活；鈦趾是戴腳鐐；鉗刑是在脖子上戴鐵圈；髡刑則是剃掉犯人的頭髮。在講究「身體髮膚受之父母」的古代，這些刑罰的「傷害性不大，但侮辱性極強」。

說完了城旦舂，再說一下秦漢時期的另一種徒刑——隸臣妾。其實就是給官府當雜役，男犯稱「隸臣」，女犯稱「隸妾」。隸臣妾犯人的地位比城旦舂犯人要高許多，比如城旦舂犯人幹活的時候，隸臣妾犯人可以當監工，負責監管。隸臣妾還可以負責追捕盜賊、傳送文書等雜務工作，儼然是官員的小助手，相當於給官府做雜役來抵銷罪行。

隋唐時期，徒刑在判決時要明確刑期，一般在一至三年之間。在京的男犯人送將作監當工匠，女犯人則送少府監縫作，都是為皇家幹手工活。這種刑罰不錯，不僅服了刑，還學會了一門手藝，倒也是一舉兩得。地方的犯人則是

▲ 清代刑具〔從左往右依次是：老虎凳、水火棍、夾棍、指夾（掛在牆上）〕

負責修理官府、倉庫及充當雜役。服刑期間，犯人的衣糧由政府提供，每十天還會有一天的假期。古代是不怕徒刑犯人逃跑的，因為背井離鄉比為官府幹活更痛苦。

由漢至唐，徒刑經歷了由重到輕的變化。後世歷代王朝，基本沿襲了唐朝的刑罰制度，徒刑也基本沒有大的變化。唐朝之後的徒刑，遠低於死刑和流放刑的嚴重程度，屬於中低檔刑罰。像盜竊罪這種中等程度的犯罪，就會被判處徒刑。《大清律例》還根據偷盜數額的不同規定了徒刑期限：「五十兩杖六十徒一年；六十兩杖七十徒一年半；七十兩杖八十徒二年；八十兩杖九十徒二年半；九十兩杖一百徒三年。」清代一兩銀子的購買力折合今天約人民幣五六百元，也就是說，盜竊數額約三萬元就要判一年了。

儘管古代的徒刑不用坐牢，但小夥伴們穿越回去也不要輕易嘗試。假如不小心在秦漢犯了罪，幹苦力活是小事，割鼻子、剁腳趾你可真受不了。

51 古代的流放有多慘？

在文學作品和影視劇中，經常看到古人被判流刑，俗稱發配或流放。《水滸傳》裡的宋江、林沖、武松皆有此經歷。很多朋友以為流刑就是換個地方生活，其實遠沒有這麼簡單。

流刑在先秦時就有雛形，稱為「流」、「放」或「竄」。比如商朝國君太甲，曾因統治無道而被權臣伊尹流放到桐宮，史稱「伊尹放太甲」。當然，這種流放屬於政治軟禁，吃喝無憂，只是讓你閉門思過。秦漢時期的流刑稱為「遷」，將罪民強行遷徙到離家較遠的地方生活，或者將其發往邊境地區戍守。比如秦朝嫪毐叛亂，其黨羽都被遷往蜀地，總共有四千多家。這一時期的流刑多是隨機的，未見於國家法律條文之中，和後世的流刑還有較大區別。

流刑在唐代正式確立，並成為五刑之一。唐代流刑分三等，即二千里、二千五百里、三千里。儘管是按照距離流放，但古人算得沒有那麼精準，一般就是流放到偏遠落後的地區。到流放地後，罪人只須服役一年，然後就在當地自由生活。罪人流放時，妻子必須陪同，而且不能以此為由離婚。這可能是怕罪人在流放地太寂寞，所以派老婆前來陪同。至於父母兒女，則全憑自願，想跟著去也行。流放的期限一般為六年，六年後罪犯就可以回到原籍地生活，也可繼續留在流放地，一般人都會選擇前者。流放期間，如果遇到皇帝的大赦令，罪犯也可以提前返鄉回原籍。

古代流刑的設立，是基於古人安土重遷、不願離鄉的觀念，以此作為懲罰。但隨著時代的發展和觀念的變化，遷徙不再是一件很痛苦的事，古人在心理上也能接受了。像唐代的流刑，沒有任何附加刑罰，只是遷居外地，甚至還能帶著老婆孩子，期滿後還可以自由返鄉，這簡直就如同一場「說走就走的長期旅行」。在流放地，罪人服役一年後就可自由生活，有的甚至經商致富。唐朝大臣裴伷先，因罪被流放至北庭地區。在這裡，裴伷先生活得很自在，不僅經商致富，賺了幾千萬家財，還娶了胡人貴族的女兒為妻。

到了宋朝，國家認識到流刑的懲治力度嚴重不足，遂對流刑進行了改革。宋朝的流刑，集杖刑、刺面、發配、勞役於一體，形成了一條龍的「刺配」刑罰。當時的流刑多判於重罪，是「降死一等」的重刑。流刑犯人要先接受杖刑，挨二十大板。宋代的杖刑特別狠，行刑的板子有一公尺長、六公分寬、三公分厚，分別打到犯人的大腿、屁股、脊背上，能把犯人打得皮開肉綻。杖刑後，犯人還要接受官府的「刺青服務」，也就是刺面，又稱黥刑。

刺面多刺在耳朵後或臉上，一般刺「配州、府屯駐軍重役」這幾個字，如果地名很長，那就痛苦了。杖刑和刺面後，才最終發配到流放地服役。剛被打個半死，接下來又是旅途勞累，很多犯人是吃不消的。到了流放地，重刑犯可能服役終身，即便遇到皇帝大赦令也不得返鄉。

對宋人來說，最可怕的流放地是「沙門島」，《水滸傳》裡的盧俊義就曾刺配沙門島。沙門島即今山東廟島群島中的廟島，北宋時屬於登州府管轄。今天，那裡被譽為「中國最美的十大海島」，是山東煙臺的著名旅遊勝地。小夥伴們也許會覺得刺配此地也挺爽啊——遠離塵囂，面朝大海，春暖花開，閒暇時填詞兩首，豈不美哉！這麼想你可就大意了，因為沙門島的真實服刑生活如同煉獄。

宋代的沙門島主要刺配謀反、強盜、殺人、縱火、強姦等重刑犯。正因為是重刑犯，島上的監守對犯人異常嚴苛，經常虐待甚至濫殺犯人。沙門島的犯人限額是三百人，但實際人數經常超額。超額犯人沒有國家的糧食分配，所以犯人們經常吃不飽。如果犯人嚴重超額，監守真的會將犯人扔到海裡去餵魚。《宋稗類鈔》記載：「黥卒溢額，則取一人投於海。」當時有一個叫李慶的監守頭目，兩年內就在沙門島弄死了七百個犯人。時人稱：「沙門島見禁罪人，與死為鄰。」《水滸傳》裡，薛超在押送盧俊義的時候恐嚇道：「你便是到了沙門島也是一個死！」由此看來，此言著實不虛。所以，如果真的在宋代被刺配沙門島了，你絕沒有心思填詞，倒是很有可能添墳。

清朝的流放刑，最狠的便是流放寧古塔。如果再加一句「與披甲人為奴，永世不得入關」，那就等於被打入了無間地獄，永世不得超生。「披甲人」指戍邊的軍人，這些人生性野蠻，給他們做家奴如同當牲畜，而且這種苦難永無盡頭，因為流放者的子孫後代也是為奴賤民，兒子不得讀書識字，女兒長大即成為男主人的玩物。凡主人家有男子新婚，為奴者妻女還會被拉去試床，遭遇十分悲慘。寧古塔在今天黑龍江海林市境內，當時是極寒之地。今天的寧古塔地區已成為冬季旅遊勝地，即網紅景點「雪鄉」。古人打死都不去的地方，今人卻花錢搶著來，這就是人世間的滄海桑田。

52 古代的滴血認親可靠嗎？

所謂親子鑑定，是指運用生物學、遺傳學有關技術，鑑定父母和子女之間是否有親生關係。在古代的宗法社會中，孩子的親生關係極為重要，直接影響到繼承問題，所以古人也會做「親子鑑定」。影視劇中，古人最常用的親子鑑定方法為「滴血認親」，這種方法可靠嗎？

滴血認親法在三國時期就已出現，宋朝時被寫入法醫學經典著作《洗冤集錄》中，被後世奉為圭臬。滴血認親有兩種具體操作方法。第一種是滴骨法，將活人的血液滴在死者的骨頭上，觀察血液是否滲入骨中，滲入則表示有血緣關係。第二種就是影視劇中常見的合血法。檢驗者將兩個活人的血液滴在裝水的器皿中，如果血滴融為一體，則說明二人有血緣關係。滴骨法出現較早，合血法在明代才應用於司法檢驗。其實，這兩種方法都缺乏科學道理，是古人對血緣作用的主觀誇大。

先說滴骨法的荒謬。人死後，骨骼外的皮膚、肌肉等軟組織會逐漸腐敗，最後僅剩白骨化的骨骼。此時的骨骼，其表層通常會因腐蝕而變酥，滴入什麼血液都會滲入，哪怕滴的是狗血或豬血。如果骨骼的表面結構尚存，還未被腐蝕發酥，無論滴入何人的血液，都很難滲入。

至於合血法的血液相融現象，則是由人的血型決定，與血脈親緣無關。當下，血型區分最常用的是 ABO 血型系統，即常說的 A、B、AB和 O 型血。在不同血型的血液裡含有的抗原和抗體是不同的，同類的抗原和抗體相遇就會發生沉澱，即合血法中的不相融現象。舉個例子，A 型血有 A 抗原，B 型血有 A 抗體，A 抗原和 A 抗體相遇就會發生沉澱，所以 A 型血和 B 型血就不相融。但是，A 型血的父親可能生出 B 型血的兒子，親生父子的血液也可能不相融。更荒唐的是，古人還認為「夫妻關係」也能靠滴血法辨認，孟姜女就是用此法認出了埋在長城下面的丈夫。所以，合血法根本就不能驗證親緣關係。

到了清代，人們越發懷疑滴血認親的可信度，當時的法醫林几就說滴血認親「不足為憑」。清代紀曉嵐的《閱微草堂筆記》中記載了這樣一個滴血認親的荒誕案件。有個山西商人，把家產託付給弟弟保管，自己到外地經商。多年後商人帶了一個兒子返回家鄉，說自己在外結婚生子了，不幸妻子早亡，只剩下兒子一起回來了。孰料，弟弟懷疑哥哥的兒子是抱養而非親生，將此事告到官府。實際上，弟弟是想趁機侵占哥哥的家產，想以哥哥沒有兒子為理由「吃絕戶」。

縣官接案後，對商人和兒子做了滴血認親，估計二人的血型恰好相同，所以血液真的相融了，縣官據此認定二人的親生父子關係。這弟弟還不信邪，回家後搞起了試驗，和自己的兒子也來了個滴血認親，結果血液並未相融。弟弟將此結果稟告縣官，意思是說：你看，滴血認親的方法有多不可靠，不能以此認定哥哥的兒子是親生。縣官此時也很狐疑，甚至想推翻原有的判決。但是，周圍的鄰居聽說後，厭惡弟弟想「吃絕戶」的惡行，於是爆料弟弟的媳婦曾經與他人出軌。縣官得知後，將出軌對象拘來審問，此人供認不諱。弟弟本來是想撈哥哥一筆，沒想到最後弄巧成拙，反倒自己意外收穫了一頂「綠帽子」。至於商人的兒子是否為親生，終究也是個謎。

除滴血認親外，古人還會利用「親情表現」來做親子鑑定。此方法最早見於東漢著作《風俗通義》，當時兩個妯娌爭奪一個孩子，都說是自己親生的，鬧到了官府。官員下令把孩子抱到衙門，讓兩個妯娌搶——誰搶到就是誰的。嫂子搶得很用力，弟媳則怕孩子受傷就沒使勁搶，表情中還帶有悲傷。官員據此判斷，孩子是弟媳的。這個道理就是民間常說的：兩個人搶孩子，先放手的一定是親媽。

古代也有利用生理學和遺傳學原理做親子鑑定的。《宋史》記載，李南公任長沙縣令時，接了一個爭子案。某女喪夫，帶著嬰兒改嫁，七年後，前夫家前來索要孩子。此女不想給，辯稱孩子是和現夫所生。李南公就問孩子多大了，女人謊稱七歲。李南公又問孩子是否換牙了，女人回答去年已換。李南公隨即判斷孩子是該女子與前夫所生，理由是男孩八歲才換牙，這孩子肯定不是七歲。古人當官必須具備豐富的生活知識，連男孩幾歲換牙都要牢記在心。《明史》裡也記載了一個採用了類似親子鑑定方法的案例。一個叫周允文的人，晚年與妾得子。周允文死後，侄子想霸占其家產「吃絕戶」，汙衊其子非周親生，告到官府。官員的鑑定辦法很簡單，讓周的兒子與其他同齡孩子站在一起，然後召集周氏宗族的人都過來辨認：看看哪個孩子像周允文。大家都指認周的兒子，官員據此判斷孩子是周親生。

最後講的這些鑑定的方法，手段雖然原始，但不乏樸素的科學道理，比滴血認親方法可靠得多。古代的滴血認親，不但無法認親，甚至還可能害人，其錯誤結果，可能導致很多人此生妻離子散，也會導致很多人一輩子「戴綠帽」。

53

古代法醫如何驗屍？

驗屍，也稱屍檢，是指運用解剖學相關知識對屍體進行檢驗，鑑定出死亡原因和死亡時間等信息。人命關天，中國自古以來，司法機構就重視對命案死者死因的鑑定。秦漢時期，已經有了簡單的屍檢方法，比如從傷口形狀判斷凶器種類。到了宋朝，司法檢驗制度達到鼎盛，出現了里程碑式的著作——宋慈編寫的《洗冤集錄》。清朝時，司法檢驗制度進一步完善和細緻。接下來，王老師就來為大家介紹幾種古代的驗屍方法。

古代的命案主要有兩種情形：一是自殺（包括意外死亡）；二是他殺。命案發生後，事主或地方保甲（相當於今天中國的居委會主任）必須報案並等待官府屍檢，此稱「報檢」。有些情形的命案也可以免檢，比如毫無疑點的自殺，如果家屬無異議，官府可不進行屍檢。這裡的家屬確認也很有講究，如果是妻子在夫家自殺，必須徵得女子娘家人的確認才能免檢，以此防止夫家人謊報自殺。另外，死因清楚的他殺，且行凶者確認無疑，也可不用屍檢。

命案發生後的第一次驗屍檢為初檢。在宋代，初檢後還要由其他屍檢官進行複檢，防止初檢官失誤或舞弊。清代一般只進行初檢，複檢只有在家屬持續鳴冤上告的情況下才會進行。如果案情重大且複雜，不得已的情況下還會進行三檢。

清代初檢一般是縣級負責，縣官必須親自到場，隨帶仵作即驗屍官一名、負責刑案的書吏一名、衙役兩名。死者的家屬、鄰居和地方保甲都要到場，以保證屍檢的公正可信。屍檢時，仵作親自操作，要按照刑部印發的「驗屍圖格」進行檢驗。驗屍圖格是一種標準化的驗屍操作表格，上面列出人體各部位項目。仵作驗屍時要高聲喝報屍體每個部位的情況，比如傷口形狀、大小、深淺等，書吏當場將情況填寫到驗屍圖格上。屍檢結束，仵作和家屬及鄰居、保甲都要簽字畫押，證明屍檢無誤。

具體的驗屍方法，宋代之後皆遵照宋慈的《洗冤集錄》操作。此書乃古代屍檢的金科玉律，其問世標誌著中國古代法醫學的正式誕生。下面簡單介紹幾種該書記載的驗屍方法。

如果是外傷致死，可根據傷口的形狀推知凶器：如果是斜長的傷口，就是木器所傷；如果呈現一片不規則的圓形，或是三角形的尖尖的傷口，就是磚石造成的傷口。

如果死者被報為自縊身亡，則檢驗脖頸上的瘀痕，「自縊傷痕八字不交」。後頸瘀痕呈八字狀且不交叉，說明是自縊身亡；如果瘀痕呈交叉狀，則是被他人勒死；如果是死後被作假成自縊狀，那麼頸上瘀痕會是白色的，不會有血色瘀痕。

水中打撈出來的屍體，要檢驗屍體的姿勢。如果兩手張開、雙眼不閉，則是失足或被他人推下水，因為死前曾奮力自救。如果兩手緊握、雙眼緊閉，則是投水自殺，因為生前只求速死。如果死者是被人謀殺後再被投水的，屍體皮肉的顏色泛黃而不是發白。死後入水，不會嗆水，因此肚皮也不脹，口鼻耳眼也沒有水流出，手指縫裡也不會有泥沙。

如果是服毒死亡，屍體全身會變青黑，骨頭也是黑色的。如果死後被灌入毒物，毒物不會進入體內，骨肉也不會變色。另外，還可用銀針驗毒。將銀針插入屍體某一部位，如果該部位有毒物，則銀針變黑，擦拭後黑色不去。這是因為古代的毒藥多為砒霜，即三氧化二砷。古代受到工藝限制，砒霜中就會有一定的硫雜質。銀針遇到硫後會發生氧化反應，故而變黑。

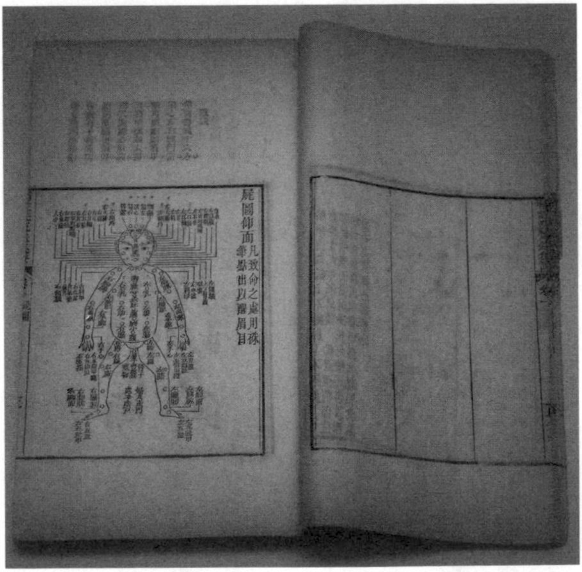

▲《洗冤集錄》（道光刊本，藏於中國國家博物館）

如果死者死亡太久，屍體已經高度腐敗了，古人是不是就束手無策了呢？別急，《洗冤集錄》裡還有終極大招——蒸骨驗屍法。蒸骨驗屍需要在豔陽高照的晴天進行，這並不是為了辟邪，而是需要太陽光來輔助檢驗。具體操作方法是這樣的：用清水將屍骨洗淨，用麻線將屍骨按照人體形狀固定。接下來，在戶外挖出一個人體大小的坑，用柴炭將坑底燒熱。燒熱後，取好酒二升、酸醋五升潑入坑內。酒醋會迅速變成蒸汽，這時再將屍骨放入坑中，覆蓋好，蒸上兩三個小時。

蒸骨完成後，就要開始驗屍了。屍檢官將屍骨放在陽光下，用紅油傘遮蓋透光，然後在傘下觀察屍骨。如果骨上某處有紅色血影，則說明此處生前被打，死者係死於非命。因為被打出血後，血紅蛋白會向骨質內浸潤，為骨質所吸收，分解後在骨頭表面形成血影。之所以要在紅傘下觀察，是因為紅油傘能夠擋住太陽光線中的其他可見光，只讓紅外線透過傘照在骨頭上，以此使血影顯現。至於為何要用酒醋蒸骨，有的說法認為是為了消毒，有的說法是為了去除骨上的雜質，使血影更加清晰。

看了上述古代驗屍的方法後，你是不是很佩服古人？如果穿越回去，身邊正巧有一本《洗冤集錄》，沒準還真能當一回法醫。但是給您提個醒：驗屍時一定要保持敬畏之心，因為這是對生命的基本尊重。

後記

逝者如斯夫，不捨晝夜。轉眼間，《古代人的日常生活》已經出版一年多了。感恩讀者朋友們的青睞，除平裝和精裝兩個版本外，這本書的繁體版《古人原來這樣過日子》也在港臺地區上市，各版本已累計銷售十幾萬冊。這著實讓我這樣一個中學歷史老師喜出望外，也激勵了我繼續堅持寫作下去。於是，承蒙出版策劃方讀客文化的鼓勵和信任，經過近半年的創作和修改，《古代人的日常生活：古代也有「996」工作制嗎？》，也就是《古代人的日常生活》第二部終於和小夥伴們見面了（**編按：繁體版即本書《古人原來很會過日子》**）。

這本書的初稿，是我在寒假期間於西雙版納完成的。與第一部基於抖音短視頻文稿的創作方式不同，第二部書的創作基於文獻閱讀，內容的嚴謹性有所提高。遵照讀者的建議，本書在最後列出了所有的參考文獻。在本書修改期間，書稿還送給了我的同事、學生和家長試讀，他們從不同角度提出了許多寶貴的修改意見。特別是我的學生，以青少年的獨特視角提出了許多建議，為本書注入了許多朝氣。在此，我向他們表示由衷的感謝！

讀過《古代人的日常生活》的朋友，多少能在字裡行間感受到我對宋朝的偏愛，這可能不同於很多人的固有認知。國人讀史，多會崇拜那些開疆拓土的強勢王朝。實際上，這種傳統的歷史認知框架建立於近代中國落後挨打的背景之下，有著鮮明的時代烙印。那時的民族意識中帶有強烈的悲憤情結，渴望國家擺脫落後面貌，追念昔日強勢王朝能夠帶來莫大的精神慰藉，因而形成了普遍的歷史記憶。而疆域有限、缺少對外征服的宋朝，自然較少受到國民的垂青。

我在少年時代也有這樣的認知，強必稱秦漢，盛必言隋唐，篤信這才是我中華民族應有的雄偉姿態。然而，隨著年齡閱歷的增長和史料閱讀的增多，我越發感覺到古代王朝的強勢與民眾的幸福並不一定是正相關。窮人無立錐之地，疆域再大也是帝王的嫁裳；小民沒有尊嚴，國勢再強也是歷史之虛妄。皇權之下的華夏黎民，似乎很難擺脫「興也苦，亡也苦」的歷史際遇。

如果我們跳出宏大敘事的視角，將目光下沉到人間煙火，你會發現，趙宋王朝才是古代普通民眾的幸福時光，是中國古代文明裡最偉大的時代之一。儘管宋朝也有諸多歷史弊病，但在文明發展與社會生活方面，堪稱古代中國之巔峰。誠如中國國學大師陳寅恪先生所言：「華夏民族之文化，歷數千載之演進，而造極於趙宋之世。」宋朝的偉大，不僅在於使中華文明登峰造極，更在於開啟了世俗化的近世生活，讓小民的生活變得有滋有味。日本學者內藤湖南在上世紀初提出了「唐宋變革論」，認為唐朝和宋朝是兩個截然不同的時代，唐朝是中古歷史的結束，宋朝則是近世歷史的開始。在本書的創作過程中，我對這一觀點深表認同。古人的日常生活方式，多在宋朝出現了劃時代的革新，顯現出了近世的端倪。比如在婚姻上，唐朝以前重門第，宋朝則論錢財，更世俗；飲食上，唐朝以前多食粟米，宋朝則出現了南稻北麥的格局，更富庶；坐姿上，唐朝以前人們席地跪坐，宋朝人則垂足坐於椅凳，更舒適。此外，宋朝還出現了許多頗具現代氣質的事物，如消防隊、自媒體、娛樂城、廣告業、法醫學、房產仲介、遺囑繼承等。

舉宋朝的例子是為了說明，學習歷史，不僅要有廣度和深度，更要有溫度。這種溫度，源於對生活的熱愛，源於對人性的真誠，源於對普通人的尊嚴的關注，源於對民族文化的真正自信。《古代人的日常生活：古代也有「996」工作制嗎？》將會繼續滿足你對古人日常生活的好奇，在家長里短中探尋中國人的文化基因，在談笑風生中感受華夏文明的歷史溫度。

最後，再次感謝讀者朋友們的選擇和信任！期待這本書能讓您更加熱愛閱讀，熱愛歷史，熱愛生活。

二〇二一年五月九日於長春家中

〔17〕徐梓·明清時期塾師的收入〔J〕·中國社會經濟史研究，2006，000（002）：30-37。
〔18〕申國昌·明清塾師的日常生活與教學活動〔J〕·教育研究，2012，000（006）：123-128。

家庭篇

〔19〕劉利鴿、靳小怡、姜全保等·明清時期男性失婚問題及其治理〔J〕·浙江社會科學，2009（12）：78-82。
〔20〕王躍生·十八世紀後期中國男性晚婚及不婚群體的考察〔J〕·中國社會經濟史研究，2001，000（002）：16-29。
〔21〕施偉·納徵、聘禮及其相關問題研究〔D〕·上海社會科學院，2015。
〔22〕朱運榮·宋代嫁妝初探〔J〕·安徽廣播電視大學學報，2009（04）：118-123。
〔23〕薛莉·先秦、秦漢聘禮和嫁妝研究〔D〕·陝西師範大學，2012。
〔24〕毛立平·清代婦女嫁妝支配權的考察〔J〕·史學月刊，2006，000（006）：103-108。
〔25〕崔蘭琴·唐以降傳統法定離婚制度探究〔D〕·中國政法大學，2009。
〔26〕汪文學·傳統中國男子懼內現象考論〔J〕·尋根，2005。
〔27〕劉雨過·論明清小說中的「懼內」〔J〕·河池學院學報，2009，29（06）：33-36。
〔28〕牛志平·說唐代「懼內」之風〔J〕·史學月刊，1988（02）：40-43。
〔29〕袁連·中國古代社會的懼內現象〔J〕·山東農業工程學院學報（06）：141-142。
〔30〕陳寶良·正側之別：明代家庭生活倫理中之妻妾關係〔J〕·中國史研究，2008，000（003）：123-144。
〔31〕徐泓·明代的家庭：家庭形態、權力結構及成員間的關係〔J〕·明史研究，1994。
〔32〕范夢·宋代妻妾關係研究〔D〕·西南大學，2012。
〔33〕張凡·明代家產繼承與爭訟〔D〕·中國政法大學，2011。
〔34〕邵俊利·清代「為人女」與「孀婦」財產繼承權問題研究〔D〕·南昌大學，2014。

參考文獻

職場篇

〔1〕許昌浩．古代公務員的考勤與「治庸」〔J〕．公民與法治，2018，000（020）：42-44。
〔2〕何云云．明代官員的作息生活與休假旅遊〔D〕．東北師範大學，2018。
〔3〕黃晉祥．淺談中國古代的作息制度〔J〕．新西部（下旬，理論版），2011，08（No.199）：133-134。
〔4〕匡丹丹．上海工人的收入與生活狀況（1927-1937）〔D〕．華中師範大學。
〔5〕王雪萍．十六至十八世紀婢女生存狀態研究〔D〕．東北師範大學，2007。
〔6〕周榮．明代致仕官員的食俸與養老〔J〕．武漢大學學報（人文科學版），2006（01）：64-70。
〔7〕聶智昊．明代致仕制度研究〔D〕．吉林大學，2012。
〔8〕李莎．乾隆朝官員離任制度研究〔D〕．華東師範大學，2014。
〔9〕艾永明．清朝文官休致制度簡考〔J〕．蘇州大學學報（哲學社會科學版），2009。
〔10〕潘春燕．宋代消防制度研究〔D〕．廣西師範大學，2008。
〔11〕丁小珊．清代城市消防管理研究〔D〕．四川大學。
〔12〕韓樹偉．論清代的略人略賣人〔D〕．青海師範大學，2014。
〔13〕余貴林．宋代買賣婦女現象初探〔J〕．中國史研究，2000（03）：102-112。
〔14〕毛蕾、陳明光．中國古代的「人牙子」與人口買賣〔J〕．中國經濟史研究，2000（01）：126-133。
〔15〕潘宇．明清及民初的訟師與訟學研究〔D〕．吉林大學。
〔16〕黨江舟．中國訟師文化〔M〕．北京：北京大學出版社，2005。

〔54〕張金花．宋代的廣告與城市市場〔J〕．中國社會經濟史研究，2004（01）：28-34。
〔55〕趙雪婷．兩宋時期詩歌廣告研究〔D〕．黑龍江大學，2020。
〔56〕謝潔．從《清明上河圖》看北宋的廣告行為〔J〕．開封教育學院學報，2003(04)：14-15。
〔57〕張介立．李郃與唐代葉子戲〔J〕．湖南科技學院學報，2012（08）：197-203。
〔58〕楊靜西．麻將源流考——從原形之娛到偽形之累〔D〕．雲南大學，2011。
〔59〕李曉春．中國古代博戲文化研究〔D〕．北京大學，2013。
〔60〕沈爾安．澡豆——古代高級潔膚劑〔J〕．家庭中醫藥，2001，008（001）：43。
〔61〕高宇．中國古代化妝品製作技藝研究〔D〕．安徽醫科大學，2018。
〔62〕何端生．我國古代的洗滌劑〔J〕．中國科技史料，1983（02）：88-90。
〔63〕劉盈慧．宋代沐浴研究〔D〕．河南大學，2016。
〔64〕王蓮．揚州沐浴文化探析〔J〕．貴州社會科學，2007（04）：95-97。
〔65〕宋亞群、熊若虹．元明清醫家對近視的認識〔J〕．中國中醫眼科雜誌，2017，027（005）：341-343。
〔66〕張孫晨．西洋機制商品在中國的本土化進程——以眼鏡為例〔D〕．南京藝術學院，2015。
〔67〕林日舉．「大索貌閱」考實〔J〕．中國社會經濟史研究，1989。
〔68〕蒙曼．從「稅人」到「稅地」——中國古代稅收改革方向漫談〔J〕．中國稅務，2015（12）：38-39。
〔69〕陳鋒．中國古代的戶籍制度與人口稅演進〔J〕．江漢論壇，2007，000（002）：51-58。

〔35〕魏天安．宋代的戶絕繼承法〔J〕．中州學刊，2005（03）：194-198。
〔36〕瞿大靜．宋代國家對戶絕財產的侵占情況〔J〕．安徽文學（下半月），2016（12）。
〔37〕趙昺．從判牘看明代戶絕繼承〔D〕．中國政法大學，2011。
〔38〕陸璐．論宋代贅婚〔D〕．蘇州大學，2012。
〔39〕李雲根．宋代入贅婚略論〔J〕．江西社會科學，2012（08）：108-112。
〔40〕邢鐵．我國古代的贅婿繼產問題〔J〕．民俗研究，1996（02）：58-60。
〔41〕李偉峰．香火接續：傳統社會的招贅婚姻研究〔D〕．山東大學，2011。

百科篇

〔42〕郭矗矗、范春義．唐代宮廷儺儀考略〔J〕．四川戲劇，2014（10）。
〔43〕蕭放．春節習俗與歲時通過儀式〔J〕．北京師範大學學報（社會科學版），2006（06）：52-60。
〔44〕王學軍．大儺禮與東漢疫病流行及其文學影響〔J〕．文化遺產，2017（04）。
〔45〕王文遠．古代中國防疫思想與方法及其現代應用研究〔D〕．南京中醫藥大學，2011。
〔46〕張彥曉．宋代照明研究〔D〕．河南大學，2014。
〔47〕王崗．北京歷史文化研究〔C〕；鄧亦兵．清代前期北京城房價變化趨勢．北京：人民出版社，2012。
〔48〕梅波．宋代租房現象研究〔D〕．四川師範大學，2013。
〔49〕范自青．宋代租賃業研究〔D〕．河南大學，2011。
〔50〕劉阿平．唐宋城市房產租賃比較研究〔D〕．陝西師範大學，2007。
〔51〕晉文．張家山漢簡中的田制等問題〔J〕．山東師範大學學報（人文社會科學版），2019（04）。
〔52〕高潔．唐宋民間手工業的品牌商標與廣告——以製墨業、造紙業為中心〔D〕．河北師範大學。
〔53〕楊海軍．論中國古代的聲響廣告〔J〕．商丘師範學院學報（03）：121-123。

齏」──《齊民要術》「八和齏」之文化解讀〔J〕·揚州大學烹飪學報，2012，03（v.29；No.107）：28-32。

〔90〕潘明娟·古羅馬與漢長安城給排水系統比較研究〔J〕·中國歷史地理論叢，2017（04）。

〔91〕吳紅兵·宋代販水業探微〔J〕·浙江學刊，2017，000(005)：211-218。

〔92〕朱超·隋唐長安城給排水系統研究〔J〕·西部考古，2012，000（001）：169-203。

〔93〕牛素嫻·兩宋都城的用水及水源衛生〔D〕·河北大學，2009。

〔94〕馮兵·隋唐五代時期城市供水系統初探〔J〕·貴州社會科學，2016，000（005）：67-72。

〔95〕劉德增·板櫈、座次與合餐──秦漢坐席、座次與分餐糾正〔J〕·民俗研究，2014（6）：32-39。

〔96〕王岳·飲食方式與飲食具設計──從我國飲食方式、飲食具的演變及現狀來探討〔D〕·東華大學，2005。

〔97〕李春芳·由分餐到合餐──中國古代就餐方式演變源流及其原因探析〔J〕·飲食文化研究，2007，000（003）：64-68。

〔98〕楊子華·《水滸》所反映的宋元杭州酒文化〔J〕·菏澤學院學報，2006，028（004）：70-74。

〔99〕馬歡歡·北宋開封娛樂業研究〔D〕·華中師範大學，2012。

〔100〕葛文艷·漢語典型社會底層職業委婉語的流變研究〔D〕. 湘潭大學，2015。

〔101〕伊倩·宋代酒樓建築與市民文化生活──以東京樊樓為中心的闡述〔J〕·哈爾濱工業大學學報（社會科學版），2014（02）：132-136。

〔102〕翁禮華·隋文帝免酒稅而興唐詩〔J〕·中國財政，2012（13）：71。

〔103〕劉冬梅、王永平·從「燒尾宴」看唐代飲食的發展水平〔J〕·飲食文化研究，2004（01）：25-33。

〔104〕史月梅·唐代燒尾宴考釋〔J〕·邢臺學院學報，2018（03）：133-134。

〔105〕駱亞琪、樊志民·唐代進士宴會習俗及飲食文化特色考〔J〕·農業考

飲食篇

〔70〕曹玲．美洲糧食作物的傳入、傳播及其影響研究〔D〕．南京農業大學，2003。
〔71〕馮麗麗．秦漢飲食略考〔J〕．宜春學院學報，2010（11）：83-85。
〔72〕劉夢娜．宋代飲食文化的考古學考察〔D〕．鄭州大學，2018。
〔73〕吳巧霞．唐宋農戶生產、生活資料消費研究〔D〕．西北農林科技大學，2016。
〔74〕楊堅．古代大豆作為主食利用的研究〔J〕．古今農業，2000（02）：20-26。
〔75〕付婷．隋唐飲食文化研究〔D〕．陝西師範大學，2015。
〔76〕胡志祥．先秦主食加工方法探析〔J〕．中原文物，1990（02）：77-82。
〔77〕胡志祥．先秦主食文化要論〔J〕．復旦學報（社會科學版），1990（03）：88-94。
〔78〕孫劉偉．北宋東京飲食文化研究〔D〕．鄭州大學，2019。
〔79〕魏華仙．宋代消費經濟若干問題研究〔D〕．河北大學，2005。
〔80〕黎虎．唐代的飲食原料市場〔J〕．中國經濟史研究，1999（01）：67-77。
〔81〕王馨若．唐宋時期食品安全監管法律研究〔D〕．鄭州大學，2015。
〔82〕丁涵．晉前絲綢之路引入異域水果考——以魏晉賦為中心〔J〕．山東師範大學學報（人文社會科學版），2018，63（05）：62-75。
〔83〕劉啟振、王思明．略論西瓜在古代中國的傳播與發展〔J〕．中國野生植物資源，2017，036（002）：1-4，8。
〔84〕史軍．中國食物：水果史話〔M〕．北京：中信出版集團，2020。
〔85〕季羨林．糖史〔M〕．南昌：江西教育出版社，2009。
〔86〕柴波．秦漢飲食文化〔D〕．西北大學，2001。
〔87〕邱飛飛．宋代調料研究〔D〕．河北大學，2018。
〔88〕藍勇．中國古代辛辣用料的嬗變、流布與農業社會發展〔J〕．中國社會經濟史研究，2000，000(004)：13-23。
〔89〕金洪霞、郭華波、趙建民等．中國六世紀之特色複合調料：「八和

〔121〕鄧文博．唐宋女子教育研究〔D〕．四川師範大學，2010。
〔122〕張功榮．古代蒙書識字寫字教材，教法研究〔D〕．雲南師範大學，2013。
〔123〕宋志霞．中國古代蒙學文獻研究〔D〕．山東大學，2013。
〔124〕李新魁．漢語共同語的形成和發展（下）〔J〕．語文建設，1987。
〔125〕麥耘、朱曉農．南京方言不是明代官話的基礎〔J〕．語言科學，2012，011（004）：337-358。
〔126〕耿振生．再談近代官話的「標準音」〔J〕．古漢語研究，2007（01）：16-22。
〔127〕李新魁．漢語共同語的形成和發展（上）〔J〕．語文建設，1987（05）：14-21。
〔128〕董建交．明代官話語音演變研究〔D〕．復旦大學，2007。
〔129〕葉寶奎．也談近代官話的「標準音」〔J〕．古漢語研究，2008（04）：56-62。
〔130〕鄧洪波．正音書院與清代的官話運動〔J〕．華東師範大學學報（教育科學版）1994（03）：79-86。
〔131〕程民生．宋代的翻譯〔J〕．北京師範大學學報（社會科學版），2013（2）：62-70。
〔132〕王向遠．「翻」、「譯」的思想——中國古代「翻譯」概念的建構〔J〕．中國社會科學，2016（02）：138-156。
〔133〕徐世康．兩宋時期的翻譯活動〔D〕．上海師範大學，2014。
〔134〕李曉偉．秦漢通行憑證研究〔D〕．河南大學，2016。
〔135〕杜鵬姣．漢代通關文書研究〔D〕．蘭州大學，2014。
〔136〕李子賢．明清中琉貿易中的勘合文書〔J〕．浙江海洋學院學報（人文科學版），2019（03）。
〔137〕何國鋒．試論我國護照制度的完善〔D〕．湘潭大學，2003。
〔138〕王福鑫．宋代旅遊研究〔D〕．河北大學，2006。
〔139〕秦開鳳．消費視角下的宋代旅遊新發展〔J〕．陝西師範大學學報：哲學社會科學版，2013（06）：98-104。
〔140〕張藝．明代旅遊文化初探〔D〕．山東師範大學，2013。

古，2013（06）：234-238。
〔106〕王晉楸．戰國至秦統一時期的秦軍糧食補給研究〔D〕．山東大學，2019。
〔107〕劉錦增．平定準噶爾戰爭中的軍糧供應問題研究〔D〕．陝西師範大學，2018。
〔108〕董建民．壬辰御倭戰爭後期（1597-1598）明軍糧餉問題研究〔D〕．山東大學，2016。

文化篇

〔109〕邱理、牛鈺．邸報、小報與宋代新聞傳播的發展和繁榮〔J〕．黃河水利職業技術學院學報，2011，23（001）：91-94。
〔110〕周光明．關於中國古代新聞傳播活動的幾點看法〔J〕．新聞與傳播評論，2007（Z1）：40-45。
〔111〕高臻．論中國宋代小報〔J〕．新聞傳播，2013，000（001）：220-221。
〔112〕程民生．宋代社會自由度評估〔J〕．史學月刊，2009，000（012）：27-40。
〔113〕趙貞．唐代對外交往中的譯官〔J〕．南都學壇：人文社會科學學報，2005。
〔114〕張霞．出版與近代文學現代化的發生〔D〕．復旦大學，2011。
〔115〕楊軍、楊華林．論明代江南民間書坊的勃興及其社會意蘊〔J〕．出版科學，2016，024（005）：111-115。
〔116〕孫文傑．清代圖書市場研究〔D〕．武漢大學，2010。
〔117〕鍾永新．明清書坊業與通俗小說銷售〔J〕．江漢學術，2013，032（001）：90-97。
〔118〕謝彥卯．中國古代書價研究〔J〕．圖書與情報，2003，000（003）：85-87。
〔119〕李伯重．挑戰與應對：明代出版業的發展〔J〕．中國出版史研究，2017，000（003）：7-29。
〔120〕劉佳佳．明清女子教育初探〔D〕．山東師範大學，2012。

2004，30（01）：101-108。
〔160〕梁瑞．唐代流貶官研究〔D〕．浙江大學，2011。
〔161〕沈臻懿．親子鑑定〔J〕．檢察風雲，2016（20）：36-38。
〔162〕陳璽、馬俊．滴血認親背後的法律故事〔N〕．人民法院報，2019（435）。
〔163〕佚名．古代親子鑑定四大手段〔J〕．芳草：經典閱讀，2015，000（004）：60-62。
〔164〕閆曉君．清代的司法檢驗〔J〕．中國刑事法雜誌，2005（05）：110-121。
〔165〕茆巍．清代司法檢驗制度中的洗冤與檢骨〔J〕．中國社會科學，2013，000（007）：181-203。
〔166〕俞榮根、呂志興．中國古代法醫學：宋（慈）學——宋慈及其《洗冤集錄》〔J〕．中國司法鑑定，2006（01）：53-56。

司法篇

〔141〕曹強新．清代監獄研究〔D〕．武漢大學，2011。
〔142〕張全仁、張鷗．中國古代自由刑的表現形式和歷史沿革〔J〕．中國刑事法雜誌，2012（11）：115-119。
〔143〕張行．清代「慎刑」理念下的死刑制度〔D〕．鄭州大學，2016。
〔144〕蔣冬梅．殺人者死的中國傳統觀念及其實踐研究〔D〕．華東政法大學，2008。
〔145〕周國均、鞏富文．我國古代死刑複核制度的特點及其借鑑〔J〕．中國法學，2005，000（001）：157-168。
〔146〕呂麗．中國傳統的慎殺理念與死刑控制〔J〕．當代法學，2016，30（4）：37-47。
〔147〕庚晉．古代特權階層的「丹書鐵券」〔J〕．檔案時空，2006，000（011）：31-34。
〔148〕洪海安．論「丹書鐵券」的淵源與形制〔J〕．社會科學家，2010（01）：40-40。
〔149〕王劍．鐵券通論〔J〕．史學集刊，1998（04）：30-35。
〔150〕朱子彥．鐵券制度與皇權政治〔J〕．學術月刊，2006（07）：146-152。
〔151〕韓樹峰．秦漢徒刑散論〔J〕．歷史研究，2005，000（003）：37-52。
〔152〕苑芳芳．漢代刑徒的若干問題研究〔D〕．南京師範大學，2013。
〔153〕連宏．漢唐刑罰比較研究〔D〕．東北師範大學，2012。
〔154〕程維榮．論秦漢城旦舂刑的變遷及其影響〔J〕．政治與法律，2010，000（011）：128-136。
〔155〕程皓．北宋配隸沙門島芻議〔J〕．首都師範大學學報（社會科學版），2010（s1）：39-44。
〔156〕吳艷紅．明代流刑考〔J〕．歷史研究，2000（06）：33-43。
〔157〕薄曉霞．淺析中國古代流放制度〔D〕．山東大學，2012。
〔158〕朱瑞熙．宋代的刺字和文身習俗〔J〕．中國史研究，1998（01）。
〔159〕呂志興．宋代配刑制度探析〔J〕．西南大學學報（社會科學版），

國家圖書館出版品預行編目資料

古人原來很會過日子 / 王磊（講歷史的王老師）著.
-- 初版. -- 臺北市 : 麥田出版 : 英屬蓋曼群島商家庭傳媒股份有限公司城邦分公司發行, 2022.01
256面 ; 15×21公分
ISBN 978-626-310-158-6(平裝)

1.中國史 2.通俗史話

610.9 110019806

原書名：《古代人的日常生活：古代也有"996"工作制嗎？》
作者：王磊（講歷史的王老師）
本書中文繁體版由讀客文化股份有限公司經光磊國際版權經紀有限公司授權。
城邦文化事業股份有限公司麥田出版事業部在全球（不包括中國大陸，包括香港、澳門）獨家出版、發行。

古人原來很會過日子

作　　者	王磊（講歷史的王老師）
文稿編輯	施雅棠
責任編輯	何維民
國際版權	吳玲緯
行　　銷	吳宇軒　陳欣岑　林欣平
業　　務	李再星　陳紫晴　陳美燕　葉晉源
副總編輯	何維民
總 經 理	陳逸瑛
事業群總經理	謝至平
發 行 人	何飛鵬
出　　版	麥田出版 台北市南港區昆陽街16號4樓 電話：（886）2-2500-0888　傳真：（886）2-2500-1951
發　　行	英屬蓋曼群島商家庭傳媒股份有限公司城邦分公司 台北市南港區昆陽街16號8樓 書虫客服服務專線：(886)2-2500-7718；2500-7719 24小時傳真服務：(886)2-2500-1990；2500-1991 服務時間：週一至週五09:30-12:00；13:30-17:00 郵撥帳號：19863813　戶名：書虫股份有限公司 讀者服務信箱E-mail：service@readingclub.com.tw
麥田部落格	https://ryefield.pixnet.net/blog
麥田出版 Facebook	http://www.facebook.com/RyeField.Cite/
香港發行所	城邦（香港）出版集團有限公司 香港九龍土瓜灣土瓜灣道86號順聯工業大廈6樓A室 電話：852-2508-6231　傳真：852-2578-9337 E-mail：hkcite@biznetvigator.com
馬新發行所	城邦（馬新）出版集團【Cite(M) Sdn Bhd.】 41-3, Jalan Radin Anum, Bandar Baru Sri Petaling, 57000 Kula Lumpur, Malaysia. 電話：(603)9056-3833 傳真：(603) 9057-6622 Email：service@cite.my
印　　刷	前進彩藝有限公司
電腦排版	洸譜創意設計股份有限公司
書封設計	巫麗雪

初版一刷	2022年1月
初版八刷	2024年8月
定　　價	320元
I S B N	978-626-310-158-6